Ⓢ新潮新書

大内伸哉
OUCHI Shinya

どこまでやったらクビになるか

サラリーマンのための労働法入門

277

新潮社

まえがき

誰だって、いま働いている職場に一つや二つの不満はもっているでしょう。この本を手に取ったあなたもきっとそのはず。でも職場での少々の不満は我慢しなければならない、だって会社から給料をもらって雇われているんだから。そう思っていませんか？
会社とそこで働く社員の立場は、時に大きくくい違います。たとえばこんな感じです。

[社員] どうして残業しても手当を付けてくれないのですか？
[会社] 仕事がのろいから残業になるんだろ。どうしてそんな奴に手当を払わなければならないんだ。
[社員] 転勤が頻繁すぎて子供が友達ができないって泣いているんです。

［会社］転勤なんてサラリーマンなら当然だ。

［社員］上司のセクハラに困っているんです。

［会社］それはコミュニケーションの一つなんだよ。君ももう社会人なんだからもっと大人にならなければいけないよ。


現実にはこんな会社ばかりではないでしょうが、もし会社側がこのようなことを言ってきたらあなたはきちんと反論できますか？

また、会社に不満を抱いているのはヒラ社員に限りません。ダメな新入社員を押しつけられた時、手抜き仕事をしている「給料ドロボー」が放置されている時、社員が匿名でブログに社内事情を書きまくっている時……。そんな時、「なんであんなヤツがクビにならないんだ！」と叫びたくなる管理職の方も多くいることと思います。

職場ではどうしても会社のほうが強い立場にあります。でも会社に一矢を報いたい、あるいは会社のおかしなところを正したい、と思うこともあるでしょう。そのようなときに頼りになるのが「法」なのです。

職場は治外法権の場所ではありません。いざとなれば出るところに出ればよいのです。会社も「法」のルールからは逃れることができません。行政の労働相談窓口もあるし、最終的には裁判所に行くことだってできます。

もちろん「法」はいつでもあなたの味方というわけではありません。職場に関する法（これを「労働法」といいます）は、だいたいは弱い立場にある社員側の味方になりますが、会社の利益に配慮するということもないわけではありません。そのようなことも含めて、まずは「法」のルールを知っておくことが必要なのです。

とはいえ私は、社員が会社に楯突いて言い分を通すということを積極的に推奨しているわけではありません。私のような専門家だって、いろいろ労働条件に不満があることもありますが、かといって大学にいちいち「法」の知識を使って文句を言うことはしません。ただ、何が法的にみて正しいのかということを知っておくと、自分の視点を一段高いところに置くことができます。「法」のルールを知っておけば、どんなときに会社と本気で「喧嘩」すべきかということも冷静に判断できるようになるでしょう。

本書では、そのような「法」のルールの内容を、日常的に生起する職場の問題を例にとって、裁判で争点となった実例と架空のケースをおりまぜながら、できるだけ「法」を知らない人にもわかるように解説しました。本書を読んでさらに詳しく知りたいと思った方には、拙著『雇用社会の25の疑問――労働法再入門』(弘文堂)をお読みになることをおすすめします。

本書によって、あなたの仕事ライフが少しでも快適なものになることを心より願っています。

なお本書における各テーマの設問は、ほとんどが本書の担当編集者である横手大輔氏から出されたものです。一会社員としての日頃の疑問に、労働法の研究者である私が答えるという形でできあがったのが本書です。本書の構想を生み、育て、世に出してくださった横手氏に心より感謝します。

２００８年７月

大内伸哉

どこまでやったらクビになるか　サラリーマンのための労働法入門――目次

1講　ブログで社内事情を書いている社員がいてヒヤヒヤしています。あの社員はクビにならないのでしょうか？

秘かな気晴らしが命取りに

A氏の楽しみは、毎晩寝る前に30分ほど、自分の部屋のパソコンの前に座って、その日の出来事をブログに書き込むことです。ブログにはすでに固定ファンが何人かいて、書き込みをすれば、だいたい翌日にはコメントが届いています。

ブログ上のA氏はハンドルネームしか使っていないので、わりと正直にありのままのことを書いています。その日に会社で起きたことも頻繁に書き込んでいます。ときには、誰にも言えないけど誰かに知られたいような社内の美人OLとの不倫のことも書いています。本人が特定されないように気をつけながら、少し脚色もしながら……。

職場のA氏はオフィス用機器の販売営業担当主任。実は、会社の製品が同業他社の製品よりも価格は安いものの品質はかなり劣るということを、社内ではみんな知っていました。営業課長からはできるだけ自社製品の品質の良さを強調して営業するようにと言われています。
ある日、A氏は課長から、A氏のグループの営業成績が上がっていないことを部下の面前で難詰されました。「販売成績があがらないのは製品の品質が悪いからだ」と言いたいのをぐっと飲み込みました。しかし、どうにも気持ちがおさまりません。その夜、とうとうブログのなかでキレてしまいました。

［タイトル］いやなやつ
「うちのハゲだるま課長は、ちょうムカック。出来損ないの製品を、客を騙してでも売れなんて非道い。みんな、〇〇社（実名）の製品なんて、絶対に買わないほうがいいぜ。それにしても、あのハゲだるま課長にだけは言われたくなかった。あいつはさ、昔から販売成績が悪かったんだぜ。でも上司へのゴマすりは天才的で、それだけで課長になったんだからな」

A氏のブログは書評や映画批評が充実していたのですが、それが仇《あだ》となってしまいました。映画好きの課長はA氏のブログをよく見ていたのです。

翌朝、A氏がいつものように出勤すると、課長から呼び出されました。

「A君。あのブログは君が書いていたんだね。俺はあの映画批評が好きで、ときどき見てたんだよ」

「えっ、何のことですか」

「しらばっくれてもダメだよ。会社の実名まで出てたよね。営業やっていて、課長で、ハゲていて、だるま体型なんて、俺しかいないじゃないか」

「……」

「こんなこと書いて、ただで済むとは思っていないだろうね。会社の製品の品質が悪いとか、俺が無能なのに課長になっているとか、そんなことを書くのは会社の信用を失墜させる行為だよ。俺への名誉毀損でもあるしな。しかも、君はうちの社員と不倫までしているとはね。奥さんに知られたら大変だよ」

1週間後、A氏は社内の懲罰委員会に呼び出されました。何も弁明できることはありませんでした。会社はA氏を戒告処分にしました。そして社長から、「ブログを直ちに閉鎖せよ。今度同じようなことをしたらクビだ」と釘をさされました。

会社の内部事情を実際に暴露したケース

ネットの中だと、目の前に人がいないので、ついつい油断して秘密を漏らしてしまうこともありそうです。しかし、ネット社会は、見知らぬ不特定多数の人がのぞいているところです。不用意な一言が大変な事態を引き起こすこともあります。

少し前に2ちゃんねるで「不当解雇」というスレッドをたちあげた運送会社の社員がいました。彼は、そこに、次のような会社の悪口を書き込みました。

①休日を与えず、睡眠時間平均3～4時間で長時間社員を酷使し、低額の賃金しか支払わず、社員の生き方を強制的に変えるようなセミナーへの参加を求める。それに従わないときは解雇するような会社である。②代表取締役も資質に問題があるうえ、前記のような研修への参加を強要し、それに従わない者は解雇する。③その妻である専務取締役は、従業員を人間として尊重せず不合理な服従を強いるような人物である。

裁判所は、このような書き込みは名誉毀損の不法行為に該当するとして、この社員に対して会社に１００万円、代表取締役と専務取締役にそれぞれ30万円の損害賠償をするよう命じました。

また、自分のホームページ（HP）への書き込みが問題となったケースもあります。ある大手新聞B社の編集記者Cが、入社前の学生時代から開設していた個人のHPに、①自分が捏造記事を書いていたと暴露したり、②新聞に書いた記事の取材源を明らかにしたり、③社外秘とされていることを書いたり、④新聞記事の締切時間（一般に公表すべきものでないとされている）を公表したり、⑤会社のことを「屍姦症的性格を帯びた邪悪な企業」と書いたりしました。さらに編集長からのHP閉鎖命令を受けていたにもかかわらず、いったん閉鎖したHPを再開しました。この記者は、以上の一連の行動が就業規則の懲戒事由に該当することを理由に、14日間の出勤停止処分を受けました（その後、依願退職しています）。

この記者は処分の違法性を争って訴訟を提起しましたが、裁判所の判断は以下のようなものでした。

「不特定多数の者がその内容を知りうる可能性のあるHP上に、自らがB新聞社の新聞記者であることを明らかにした上で、B社の従業員として、あるいはB社の記者として活動する中で知り得た事実や体験を題材として作成した文書を掲載していたもので、このような行為はCのB社における職務と密接に関連するものであると認められるから、このようにして作成されたCのHP上の文書の内容や、このようなHPをインターネット上に置いたCの行為が、企業秩序維持の観点から、就業規則に違反する懲戒処分事由に該当すると認められる場合において、B社がCに対して懲戒処分を行うことは許されるというべきである」

このケースでは、会社の就業規則で定める「会社の経営方針あるいは編集方針を害するような行為をしないこと」「会社の機密をもらさないこと」「会社の秩序風紀を正しくよくしていくため、流言してはならないこと」という服務規律に違反していると判断され、処分は有効とされました。

会員同士での情報交換ができるインターネットサイトにおいて、会社の内部事情をもらした場合はどうでしょうか。

少し前に、ある県警の巡査が会員制のインターネットサイト「ミクシィ」で、「明日、暴走族の一斉検挙に着手する」と書き込んでいたケースが新聞報道されました。このケースでは巡査には重い処分は下されなかったようですが、民間会社において、たとえば会社の新製品開発などの重要情報を「ミクシィ」で書き込んでしまうと、秘密漏洩（秘密保持義務違反）として処分の対象となることがあるでしょう。会員制で、その書き込みを読める人が限定されていても、そこからその内容が外部に流通していく可能性はあるからです。ネットでの会話は、いくら参加者が限定されていても、料亭の個室において密談するというのとは事情が異なるのです（個室での密談であっても、「壁に耳あり障子に目あり」ということがあるくらいです）。

秘密漏洩は懲戒解雇に相当

会社の新商品開発のような企業秘密は、ネットの場だけでなく、そもそもそれを誰かに漏洩したというだけで懲戒解雇になってもおかしくありません。

裁判において秘密漏洩が問題となったケースとして、次のようなものがあります。

D氏は、ホーム・パーソナルケア商品等の製造・販売をしていたE社の製品評価マネージャーとして勤務していました。ある時、D氏は転職を決意し、ヘア・ケア商品等の製造・販売をしているF社から内定をもらいました。D氏はF社への転職を決めていたにもかかわらず、E社が開発を検討していた製品の情報を知り、同種の製品の開発を別会社に依頼したり、また機密性が高い事項を議題としたE社の会議に出席して、そこでの資料を持ち帰ったりしたことから、E社は就業規則上の「従業員は会社の業務上の機密事項及び会社の不利益となる事項を他に漏らしてはならない」という規定に違反しているとして、D氏を懲戒解雇にしました。裁判所もこの懲戒解雇を有効と判断しています。このように会社にとって重要な秘密を漏洩する行為は、懲戒解雇に相当する行為なのです。懲戒解雇されると、通常は退職金も支給されません。

ネット社会はパブリックな空間

裁判所は、職場外でされた職務遂行に関係のない労働者の行為であっても、企業の円滑な運営に支障を来すおそれがあるなど企業秩序を侵害するものである場合には、懲戒処分を行うことも許される、と述べています。

もちろん、社員が日記に会社の悪口を書くというだけであれば何も問題はありません。これはプライベートなことです。しかし、いったんブログという形でネット社会に発信されると、世界中の人がそれを見ることができるのです。ネット社会はパブリックな空間なのです。したがって、会社の内部情報などを軽率に発信すれば、たちまち企業秩序侵害を理由に懲戒処分が課される可能性があるのです。

冒頭のA氏が戒告処分ですんだのは、実は本当の事を書いていたからで、そのため会社も重い処分をするのをためらったのかもしれません。本来ならもっと重い処分を受けていてもおかしくなかったでしょう。もし、もっと機密性の高い事柄（たとえば自社の製品のどの部分が他社よりも性能が劣っているかというような、一般消費者には知りえない具体的な情報）を書いていれば懲戒解雇になっていたかもしれません。

ところで、A氏が不倫していたという点は、会社が処分をする際に考慮してよいのでしょうか。またA氏の書いた内容は「内部告発」として特別な保護を受けるということはないのでしょうか。これらの点については3講、7講を読んでください。

補講①　勤務時間中のネット遊びは危険

あなたの会社には、勤務時間中に会社のパソコンを使ってソリティアをしたり、自分のブログに書き込みをしたり、私的な興味でネットサーフィンをしたりしている社員はいませんか。

こうした社員の行為は、職務に専念する義務に違反すると判断される可能性があります。職務専念義務とは、社員が仕事をするときに求められる義務で、法律に規定があるわけではありませんが、労働契約というものの性質上、当然に課されるものと考えられています（公務員は法律で職務専念義務が定められています）。

職務専念義務でいう「専念」が、どの程度のものであるかは、はっきりしていません。裁判所は一般に、社員にかなり厳しい義務を課す傾向にあります。勤務時間中に労働組合のバッジをつけているだけで職務に専念していないと判断した例もあります。

ただ、多くの学説は、業務遂行に実害が生じえない程度であれば職務専念義務に違反しないと考えています。たしかに、勤務時間中にトイレに行ってゆっくり化粧をなおしたり、社内の自動販売機にコーヒーを買いに行ったり、喫煙所に行って一服したりすることは、各会社の方針にもよりますが、許容の範囲内とされることが多いでしょう。

しかし、自分のデスク上のパソコンを使った私的行為は、これと同視することはできません。裁判所は、専門学校の教師が勤務時間中に業務用のパソコンを用いて「出会い系サイト」への投稿を多数回行っていたことを理由とする懲戒解雇を有効と判断しています。

2講　会社に秘密で風俗産業でアルバイトをしている女性社員がいます。法的に問題はないのでしょうか？

バレては困るアルバイト

女性向けの仕事情報サイトをネットで検索すると「高収入アルバイト求人情報」といった宣伝文句をたくさん目にします。しかし、よく見てみると、そこで紹介されている仕事はほとんどがいわゆる風俗産業です。普通の人にはびっくりするような条件での求人もあります。金銭的な面だけをみると、なんとも魅力的な仕事でしょう。

しかし、なんといっても風俗産業です。いくら給料がよくても、人に知られては困ります。親バレ、学校バレ、彼氏バレ、知人バレは絶対に避けたいところです。そして会社員なら、会社バレがないということが、何よりも大切となってきます。

多くの会社では、就業規則で会社の許可なしにアルバイト（副業）をすることを禁止しています。そして、これに違反すれば通常はクビ、つまり解雇されてしまいます。退職金が支給されない懲戒解雇になると定められている会社も少なくありません。会社に隠れてこっそりとアルバイトをする場合、悲惨な結末を覚悟しなければならないのです。とはいえ、風俗産業でアルバイトをすることを、会社に連絡するわけにはいかないでしょう。連絡したとしても普通の会社なら許可を出してくれないでしょうし。

正社員のアルバイトに関する裁判例

パートや派遣のような非正社員であれば、通常の副業は問題ありません。アルバイトを制限する就業規則の規定は、非正社員には適用されないのが一般的です。実際、生活のために、複数の会社でのパートをかけもちするということは、それほど珍しいことではありません。では、どうして正社員だけアルバイトは制限されるのでしょうか。その主たる理由は、会社は正社員に対しては自社への忠誠を求めるからです。

会社は、正社員で雇った者に対しては、長期的な雇用を保障することを含めて、本人や家族の利益のことを考えていろいろな配慮をします。その配慮の代償として、正社員には会社に対して忠誠を尽くし、誠実に勤務することを求めるのです。他社で働くということは会社への忠誠に反する行為ということになります。

もちろん正社員側にも言い分はあるでしょう。「会社に忠誠を尽くすのは勤務時間中だけで十分だろう」。こうした意見は、それなりに筋が通っていると思えます。ただ、本当に勤務時間外であれば、働く人は会社から完全に解放されているといってよいでしょうか。私生活の自由は、どこまで社員に保障されているのでしょうか。

この点を考えるうえで、参考となる裁判例があります。

A子さんは建設業を営むB社に事務員として採用されました。A子さんの勤務時間は午前8時45分から午後5時15分までであり、勤務時間後は午後6時から午前零時までキャバレーで働いていました。ただ、A子さんのやっていた仕事の内容は、最初の1カ月少しはホステスや客の出入りのチェック、その後の9カ月ほどは会計係でした。A子さんはその後、キャバレーを辞めています。厳密な意味では、彼女が風俗産業で働いていたとはいえないでしょう。

ところで、B社の就業規則には「会社の承認を得ないで在籍のまま他に雇われたとき」には、懲戒処分とするという規定がありました。A子さんの夜のアルバイトを知った会社は、彼女の行為はこの就業規則の規定に該当する違反行為であるとして、A子さんを解雇しました。B社はA子さんの行為は、本来なら一番重い処分である懲戒解雇になるところだけれど、普通解雇にとどめるとして、罪一等を減じました。しかしA子さんはこの解雇処分を不服として裁判所に訴えを提起しました。

裁判所はA子さんの訴えを退けました。彼女が無断でアルバイトをしたこと自体が会社に対する雇用契約上の信頼関係を破壊するものであること、またアルバイトの内容は軽作業とはいえ長時間にわたるものであったこと、がその理由です。

アルバイトの制限に関する法的ルール

ところで、そもそも会社が正社員のアルバイトを制限することについて、法律上、どのようなルールがあるのでしょうか。

実は公務員については、国家公務員法（104条等）や地方公務員法（38条）に基づきアルバイトは許可制となっています。公務員の無断のアルバイトは法律に違反することになるのです。実際にも、市立病院の医師（地方公務員）が無断で民間病院で診療をして報酬を得ていたことを理由に、法律違反として懲戒処分を受けた例などがあります。

ところが、民間会社の社員については、こうした公務員に関する法律は適用されません。実は民間会社の社員のアルバイトについては、それを許容するかどうか、許容するとしたときに、どのような条件とするかは、各会社の判断にゆだねられているのです。現実に、正社員のアルバイトは自由としている会社もありますし、逆にアルバイトを許可制あるいは届出制として規制している会社も、もちろんたくさんあります。会社は、アルバイトを厳禁とすることだってできるのです。

ただ会社がアルバイトを制限したとしても、その会社のきまりに違反した場合に、当然に懲戒処分を行うことができるというわけではありません。ではどのような場合であれば、懲戒処分の対象となるのでしょうか。

先ほどの建設会社の女性社員がキャバレーでアルバイトをしたことが問題となった事例においては、裁判所は、次のように述べています。労働者がその自由なる時間を精神的肉体的疲労回復のため適度な休養に用いることは、次の労働日における誠実な労働提供のための基礎的条件をなすものであるから、使用者としても労働者の自由な時間の利用について関心を持たざるをえない、と。要するに、本務の遂行に支障が生じるようなアルバイトであれば、会社は、それを制限してよいということです。

裁判所はさらに、次のように述べています。兼業の内容によっては企業の経営秩序を害し、または企業の対外的信用、体面が傷つけられる場合もあるので、従業員の兼業を許可制とすることは不当とはいいがたい。要するに、会社の秩序を侵害したり、対外的信用・体面を傷つけるようなアルバイトも、制限してよいということです。

逆にいうと、社員の行うアルバイトが会社の本務に支障が生じるようなものではなく、また会社の秩序を侵害したり、対外的信用、体面を傷つけたりしないようなものであるときには、会社はこれを不許可とすることはできませんし、また無断でアルバイトをした社員に対して、「無断」という点は問題にできるとしても、少なくとも懲戒解雇のような重い処分を課すことはできないのです。

許されるアルバイトと許されないアルバイト

普通の会社であれば、女性社員が風俗産業でアルバイトをしているということが世間に知られると、会社の対外的信用や体面に傷がつくことになるでしょう。したがって、その女性社員としては、懲戒解雇処分を受けても文句はいえません。

では、自宅で本を執筆するというような副業であればどうなのでしょうか。他の会社に雇用されて働くというのでなければ、通常は規制の対象となるアルバイトには該当しないでしょう。家業があって時々それを手伝うというような場合や実家が兼業農家で農繁期には会社が休みの時に手伝うというような場合にも、たとえ報酬をもらうことがあったとしてもアルバイトとして規制されるべきものではないでしょう。結局ポイントとなるのは、会社に迷惑をかけて背信的といえるようなアルバイトにあたるかどうか、ということなのです。

実は、会社に最も嫌がられる副業は、その会社と同業種の他社に雇われたり、同業種の会社を立ち上げたりすることです。こうした副業は「競業」と呼ばれ、社員は通常は競業をしないことが義務づけられています。これを「競業避止義務」といいます。競業避止義務は、退職した後であっても数年間は課され続けることがあるほどの強い義務です。ましてや在職中にこの義務に違反すれば懲戒解雇されても文句は言えないのです。

ここまではアルバイトや副業の規制という面からの話をしてきましたが、実はアルバイトや副業には、社員にも会社にもメリットがあることがあります。

まず社員にとってのメリットとしては、一つの会社でずっと働いているよりも、視野を広げることができるということがあります。副業は、場合によっては社員の能力開発にもつながり、それはひいては会社の利益にもなります。また今日では大会社でも倒産することがありえるということを考えると、ある程度の収入を得ることができる安定した副業をもっているのは、失業に備えた「保険」になるかもしれません。他方、会社によっては、経営状況が悪化して、賃金を引き下げざるをえないようなときに、アルバイトを許容したり、それを積極的に推進したりすることが、社員の収入低下への対応策となることもあります。このようなことから、今後は副業のもつ意味が労使双方から見直されていくかもしれません。複数の仕事をもつ人という意味の「マルチプル・ジョブ・ホルダー」が増えていく可能性は十分にあります。

ただ、若い女性社員が風俗産業でのアルバイトに励んでも、通常はあまり職業能力の開発には繋がらないでしょう。彼女たちが風俗産業でのアルバイトに走るのには、「海外旅行に行きたい」「先月はカードで買い物をしすぎた」「高級エステに通いたい」といった自分本位の理由もあれば、「親の事業が失敗して多額の借金がある」「病気の家族の手術代を稼がなければならない」というような可哀想な事情がある場合もあるでしょう。こうした本人に責任のない事情をかかえている女性社員を、無断でアルバイトをしたという理由で処分したりするのはあまりにも非情であるといえなくもありません。人事担当者なら「会社にバレないようにうまくやってくれ」というのが本音かもしれません。

補講② 副業の法律問題

社員がアルバイトをしているときに、会社として気をつけなければならないことがあります。それは、労働基準法にある労働時間の通算規定です。労働基準法は1日の労働時間が8時間を超すと、通常の賃金の25パーセント増しの割増賃金を支払わなければならないと定めています（37条）。一般に残業代と呼ばれているものが、ほぼこれにあたります（詳しくは9講を参照してください）。

では、ある会社で7時間働いた後、別の会社で副業して3時間働いたとすれば、どうなるでしょうか。一つひとつの会社では労働時間は8時間を超えていませんが、通算すると、その労働者は8時間を超えて働いたことになります。

労働基準法では、こうした場合には労働時間を通算することになっているので（38条1項）、割増賃金の支払いが必要となります。問題はどちらの会社が割増賃金を支払うべきかです。原則として、時間的に後にその労働者を雇ったほうの会社に割増賃金の支払い義務があると考えられています。その労働者を、アルバイトとして短時間働かせるつもりで雇ったときでも、別会社で何時間働く契約を締結しているかを事前に把握しておかなければ、労働基準法違反となる可能性があることになります。

副業に関するもう一つの法律上の問題は、副業先に向かう途中で事故にあったようなときに、通勤災害として労災保険の適用を受けることができるかどうかです。自宅から会社に行き帰りする通勤の際に事故にあったときは、通勤災害として労災保険の適用を受けます。これに対して、会社から副業先に向かう途中は、自宅と会社との往復にはあたらないので、以前はそこでの事故は通勤災害ではないと扱われていました。しかし、法の改正により、２００６年４月以降は、「就業の場所から他の就業の場所への移動」も「通勤」に含まれることになりました。これも社会において副業が広く認知されるようになったあかしといえるでしょう。

3講　社内不倫しています。これを理由にクビになる可能性はありますか？

甘美な罠

毎年4月、初々しい新人社員が入社してきます。たぶん男性社員は、何気ない風を装いながら、新しく入ってきた女性社員の品定めをしていることでしょう。女性社員とて同じこと。素知らぬ顔をしながら、しっかり職場での「Tサミット」（トイレで女性が男性の品定めをすること）をしているかもしれません。「職場は働く場所なのに不謹慎な」等と言うなかれ。職場は仕事をする場所であるだけでなく、男女の出会いの場所でもあるのです。かつては結婚といえば見合いか職縁結婚が普通だったのですから。

男性上司の中には、何かのきっかけに若い女性社員と不倫関係に陥るかも、なんていう妄想にふけっている人もいるかもしれません。妻子のある四十男のA夫もそんな一人。昨年課長に昇進したばかりの働き盛り。そんなA夫の前に突然現れたのが、4月に入社してきたばかりのB子。昔あこがれていた女性によく似ていた彼女がA夫の部署に研修のためにやってきます。20年前なら声もかけられなかったような美貌の持ち主が相手でも、今のA夫には「仕事を教える」という大義名分と課長という肩書きがあります。B子に上司として仕事を指導するA夫は、若い女性の甘酸っぱい匂いにクラクラとしながらも、上司としての威厳と冷静さを保とうとします。そんな彼に、若い男にはない大人の魅力を感じてしまったB子。研修の打上げの席で隣になったA夫に、ほろ酔い気分のなかで口説かれて……。ここから先は渡辺淳一の世界です。

会社は不倫社員を処分できるか？

社内の不倫は、本人たちは隠しているようでも、意外に早くバレてしまいます。女性は、同性が特定の男性に送る視線や態度から勘づいてしまうことが多いようです。

しかし、不倫はどこがいけなくて、どうして隠さなければならないのでしょうか。

日本では、不倫は刑法上の犯罪とはなりませんが、民法上の不法行為に該当する可能性はあります。民法上の不法行為となるということは、加害者とされるほうが被害者に損害賠償を支払わなければならないということです。夫婦は互いに貞操を守る義務があります。要するに、配偶者以外の人と性的な関係をもってはならない、ということです。不貞行為は、民法において離婚理由の一つにもあげられていますし（770条1項1号）、離婚にまで至らなくても、自分の配偶者が不貞行為をした場合には、その配偶者と不貞の相手方に対して損害賠償を請求することができるのです。

しかし、これは不倫をしているカップルと配偶者との間の問題です。不倫に会社が介入して何らかの処分をすることができるかどうかは別の問題です。法は、不倫に対して会社が処分をすべきかどうかについて何も定めてはいません。たとえば既婚の男性社員が未婚女性と性的な関係を結ぶことがあっても、それが淫行にあたらないかぎり、そのことだけを理由に処分するのは普通の業種・職種であれば難しいでしょう。

不倫が問われた裁判例

では、不倫相手が同じ会社の社員であった場合は、どうでしょうか。こうなると、少し状況は変わってきます。この点で参考となる裁判例があります。

従業員10名程度の有限会社で働いている既婚のC夫と独身のD子。D子は離婚後この会社で働くようになり、C夫と出会って不倫関係に陥りました。二人の関係は従業員や取引先にも知られるようになります。そこで会社の代表者Eは、C夫にD子との交際を断つように忠告し、C夫とD子双方に「プライベートなことには干渉できないが、交際は止めた方がよい」と言いました。しかし二人は交際を止めなかったため、社内外から非難の声があがるようになり、ついにEはD子に対して退職を求めました。D子がこれに応じなかったため、会社は「素行不良」により「職場の風紀・秩序を乱した」という懲戒事由に該当するとして彼女を解雇しました。

D子は、この解雇は無効であるとして、裁判所に訴えを提起しました。裁判所は結論として、この解雇は無効であると判断しました。

裁判所はまず、「D子が妻子あるC夫と男女関係を含む恋愛関係を継続することは、特段の事情のない限りその妻に対する不法行為となる上、社会的に非難される余地のある行為である」と述べます。したがって、こうした行為は、この会社の就業規則における懲戒事由にある「素行不良」に該当するとします。しかし「職場の風紀・秩序を乱した」とは、企業運営に具体的な影響を与えるものに限られるのであり、このケースでは、D子とC夫の地位、職務内容、交際の態様、会社の規模、業態等に照らしても、二人の交際が会社の運営に具体的な影響を与えたとは判断できない、としました。

会社によって就業規則の規定内容はいろいろですが、この事件の会社のように「職場の風紀・秩序を乱したこと」を懲戒事由として定めているところは多いと思います。この判決によると、社内の不倫は確かにこのような就業規則の規定に形式的にはひっかかるものの、そうだとしても実際に懲戒処分を発動するには、「企業運営に具体的な支障をもたらす」という事情がなければならないのです。

どんな社内不倫なら処分されるのか?

では、どういう場合であれば、処分の対象となるのでしょうか。

たとえば、部長がその秘書を無理矢理愛人にしていたというような公私混同のケースでは、処分の対象となる可能性が高いでしょう。恋愛に現《うつつ》を抜かし、仕事にまったく身が入らなくなったような社員も処分の対象となる可能性があります(こうした恋愛呆けが起こるのは不倫の場合にかぎりませんが、社内不倫のときには、処分がより重くなる可能性があります)。性的な潔癖さを求める主婦層が主たる顧客層の会社において、社内不倫の噂が出て営業に重大な支障が生じたというようなとき、あるいは自分の夫を寝取られた妻が会社に乗り込んできて職場が大混乱になったというようなときも、処分の対象となったり、不倫の当人たちが配置転換になったりするでしょう。男性上司との不倫に悩む若い女性社員が精神面で異常をきたしてしまったときには、会社は男性上司にけじめをつけさせる意味でも、何らかの処分をすることがあるでしょう。

ところで社内不倫が処分の対象となるとき、実際に処分がなされるのは誰になるのでしょうか。実は先ほど紹介した裁判例では、処分の対象とされたのは独身のD子だけでした。C夫は解雇されていません。会社側としては、本音としてC夫は解雇したくなかったのでしょう。D子の入社により面倒な恋愛沙汰が起きてしまったので、D子のほうだけ厄介払いしたいと思ったのかもしれません。こうした会社の対応は、かつてはそれほど珍しいことではなかったと思いますが、今日では社会から厳しく批判されるでしょう。不倫がいけないというのなら、男女同罪のはずだからです。

この事件では、企業運営への具体的な影響がないという理由でD子の解雇が無効とされたので、C夫がもし解雇されていたとしても同じ理由で無効と判断されていた可能性は高いでしょう。しかし、ケースによっては会社が男性側しか解雇をせず、その解雇が有効と判断されることもあるでしょう（現実には、そのようなときは、不倫相手の女性のほうも会社に居づらくなって辞めてしまうことが多いでしょうが）。

かつては、観光バスの既婚の男性運転手が、未成年の女性車掌と性的関係を結んで処分されるというケースがときどき裁判に登場していました。こうした場合はもはや恋愛ではなく、セクシュアル・ハラスメントに近いものが多いと思えますが、いずれにせよこうしたタイプの社内不倫は（特に未成年女性を妊娠させたような場合には）男性側への重い処分は避けられないところです。

会社としては、仕事ができて有能だけど、女好きで私生活の恋愛関係に問題あり、という男性社員をどのように扱うかは悩ましいところでしょう。会社の本音としては、仕事ができる社員はできるだけ会社においておき、私生活上の問題は不問に付したい、ということかもしれません。ただ、いったんトラブルが明るみに出ると、会社によっては「世間の目」という厄介なものを意識せざるをえないこともあります。

この点、「世間の目」がどういうものかを知っておくためには、政治家の不倫スキャンダルに世論がどう反応するかを見ておくのがよいかもしれません。

フランスのミッテラン元大統領の不倫は公然の秘密でした。不倫は彼の政治家としての評価になんら影響を与えませんでした。アメリカのクリントン元大統領は、研修生との間で「不適切な関係」があったことを国民の前で告白させられる羽目に陥りました。

「不適切な関係」というのはよくわからない表現ですが、堂々と「不倫関係があった」とは言いにくいお国柄なのでしょう。

では日本はどうでしょうか。男性の政治家の不倫スキャンダルは、多少騒がれる程度で、それほど深刻な事態につながっていないような気がします。女子アナと路上キスをした国会議員もワイドショーのネタにされましたが、いまや武勇伝の一つくらいのことになっています。他方、２００７年の参議院選挙で「虎退治」に成功した女性議員の不倫スキャンダルは、もう少し深刻なようです。おそらく女性議員の不倫は珍しいのでマスコミもよくとりあげるのでしょう。とはいえ、この議員の政治家生命に致命的なものとはなっていないようで、この点でも男女平等は進んできているのかもしれません。日本での不倫許容度は、フランスとアメリカの中間というところでしょうか。

補講③　恋愛禁止の職場

会社の中には、不倫かどうかに関係なく、社内恋愛の禁止を定めているところもあるようです。こうした禁止規定は法的に問題はないのでしょうか。

恋愛をするかどうかは社員の私的な問題であることは事実です。しかし職場の秩序も大事であり、それを重視すると、私的な自由であっても職場の秩序に影響するかぎりにおいては、一定の制約は免れないことになります。恋愛のケースではありませんが、裁判で、社員の茶髪や髭を会社がどこまで規制できるかが争われたケースがあります。裁判所の考え方は、会社は、社員の私的自由にかかわることがらであっても、企業の円滑な運営のために必要かつ合理的な範囲内であれば制約することができる、というものです。ただ裁判所は、そこでいう「必要かつ合理的な」制約であるかどうかの判断は、かなり会社側に厳しく行っているようにみえます。

こういう裁判例を考慮すると、社内恋愛についても、これを禁止することまでは認めたとしても、その禁止を破った社員に対して懲戒処分を行ったり解雇したりするようなことは、それが会社の業務の運営に重大な支障を及ぼしたというような事情がないかぎり、「必要かつ合理的な」範囲を超える制約として、許されないというべきでしょう。

4講　私用の飲食代を経費として精算したのがバレてしまいました。どれぐらいの額だとクビになりますか？

社費でドンペリ

A部長は夜遊び大好きのちょい不良《ワル》風オヤジ。今宵は会社の若手のB君とC君を引き連れて銀座の高級クラブにお出ましです。今日は大きい商談を片づけたので、部長もたいへんご機嫌です。まずは、ドンペリのロゼで乾杯。

「お疲れ様。今日は君たちもよく頑張ってくれたね」

「部長。いつもこんなところで飲んでいるのですか」

「そんなわけないだろ。月に2回くらいだよ」

「十分多いじゃないですか。よくお金が続きますね」

「来るときはいつも取引先の客と一緒だよ。費用は接待費で落ちるからね」

「今日は客と一緒じゃありませんよ」

「大丈夫さ。打ち上げなんだからいいよ。会社にわかりっこないよ」
これはヤバいと少し不安になるB君とC君。
「君たちの社会勉強のために連れてきてあげたんだぜ」
別に頼んだわけではないけど、と心の中でツッコミを入れる二人。
「だいたい、いまやうちの会社は、俺抜きではもたないんだぜ。会社の金で飲んだって
とやかく言われたりしないさ」
「そんなもんですか。たしかに部長には仕事ができる人特有のオーラがある気がしま
す」と調子を合わせていると、「嬉しいこと言ってくれるじゃないか。さあ飲め飲め」
とA部長は上機嫌です。
そのうちドンペリが空いて、ほろ酔いのA部長は今度はロマネコンティを注文しよう
とします。B君はあわてて制止しました。
「部長。われわれはワインは苦手です。ビールでお願いします」
ホステスの冷たい視線を感じながらも、A部長を必死に押さえました。結局、2時間
ほどいて費用は30万円。A部長は自分のクレジットカードで支払いをし、会社宛の領収
書をもらっていました。

1年後、A部長は懲戒解雇となりました。接待の実態のない私用による飲食で領収書をもらい会社に請求していたからです。その総額およそ1000万円。「夜の帝王」と呼ばれ羽振りがよかったA部長は、実は会社の金で私的に飲み食いしていたわけです。B君とC君にはお咎めはありませんでしたが、上司からこってりしぼられました。

服務規律

会社の就業規則には社員の守らなければならない服務規律として多くのことが定められています。服務規律にどのような内容をもりこむかは、各会社で自由に定めてよいのですが、通常は次の三つのタイプのものがあります。

・社員の仕事のやり方や職場内の秩序に関係するもの。
・企業施設の管理に関係するもの。
・会社に不利益をもたらさないように行動する義務（誠実義務）に関係するもの。

第一のタイプに該当するものとしては、上司の命令に従うこと、職場秩序を乱さないこと、出退勤に関するルールを守ること、酒気帯びなど勤務するにふさわしくない状態で職場に来ないこと、会社の物品の持込み・持出しに関するルールを守ること、勝手に職場から離れないこと、定められた服装規定に従うこと、社員証を携行すること、勤務時間内に個人的な面会をしないこと、風紀秩序を乱さないこと、業務報告を怠ったり、その内容を偽ったりしないこと、などがあります。

第二のタイプに該当するものとしては、会社内で政治活動、宗教活動、寄付活動、署名活動などをしないこと、会社内で金品の貸し借りや物品販売をしないこと、会社内で賭け事や飲酒をしないこと、会社施設への入退場に関するルールを守ること、火気を慎重に取扱うこと、会社施設や会社の備品を大切に扱い、損壊しないようにすること、節約をすること、会社の備品を不正に利用しないこと、職場の清潔を保持すること、整理整頓をすること、などがあります。

第三のタイプに該当するものとしては、会社の名や職務上の地位を利用した私利行為をしないこと、職務に関係して贈与や供応を受けないこと、職務上の秘密をもらさないこと、会社の名誉や信用を毀損する行為をしないこと、無断で副業や競業をしないこと、などがあります。

これらの規律に違反することは、通常は、懲戒処分事由とされています。もっとも、服務規律に違反したらいつも懲戒処分を受けるというわけではありません。違反の内容や程度に応じて、懲戒処分がなされるかどうかや、なされる場合の懲戒処分の重さが決まってくるわけです（補講⑱を参照してください）。

公務員の場合には、業務に関連して賄賂をもらうと収賄罪（渡したほうは贈賄罪）という犯罪行為になり、懲戒免職は避けられません。民間企業の社員には（NTTの職員のような公務員とみなされている場合を除き）収賄罪は成立しませんが、会社が就業規則で定めた自主的なルールとして、取引先から金品を受けることを禁止するところが多いわけです（前記の服務規律の第三のタイプ）。

法的には、どの程度の額の金品がからむと懲戒解雇となるのか、諭旨退職となるのか、減給処分ですむのかなどの一般的な基準はありません。各会社のケース・バイ・ケースの判断となります。会社によっては、懲戒処分の基準に関する内規をもっているところもあるかもしれませんが、外部の者が目にする機会はまずないでしょう。一般的には、金品がからむ場合には重い懲戒処分が下されています。

A部長の場合はかなり悪質で、会社に与えた損害額も大きかったので、懲戒解雇はやむをえないでしょう。

バック・リベートはダメ

金品にからんで懲戒解雇になった社員が訴訟を起こしたケースもあります。

ある大手自動車会社の系列で、車両組立を主たる事業とするD社でデザイナーとして働いていたE氏。E氏はデザイナーとしてのたたき上げで30年以上働いてきて、ついに課長職につきました。そしてE氏は、手がけた車のデザインが社外で高く評価されるにつれて発言力を高めていき、社内でデザイナーとしての実質的な発注権限をもつようになりました。

ところがE氏はこの権限を悪用します。取引先のF社に圧力をかけてコンサルタント契約をもちかけて断られると、F社への発注を減らしていきます。これに堪えかねたF社は、E氏が自ら設立して代表取締役となっているG社とコンサルタント契約を結ぶこととし、毎月25万円のコンサルタント料を支払うことになりました。この契約はF社の経営状態の悪化により打ち切られるまで続き、総額1200万円が支払われました。

このほかにもE氏は、別の会社に発注をする代わりにバック・リベートを要求したり

（総額約３４０万円）、接待を強要したり（総額約２０００万円）していました。

Ｄ社は懲罰委員会で審議を行い、就業規則の定める「業務に関し、みだりに金品その他を受け取り、又は与えたとき」という懲戒事由に該当するとして、Ｅ氏を懲戒解雇処分にし、退職金を支給しませんでした。そこでＥ氏は訴訟を起こしました。Ｅ氏は懲戒解雇の無効確認は求めず約２９００万円あまりの退職金（会社の算定では約２５００万円）の請求をしました。裁判所はＥ氏の一連の行為は懲戒解雇事由に該当し、退職金を支払わなかった会社の措置を適法と判断しています。

このほか、別の裁判ではある大手電器メーカーの社員が子会社に出向中に、工場長の地位にあることを利用して、取引先会社に自分の懇意にしている者が経営している会社へバック・リベートを支払わせ、自分もその見返りに金品を受け取っていた（少なくとも数年間、毎月30万円）ことを理由として行われた懲戒解雇が有効とされています。

インサイダー取引も懲戒処分に

社員が、仕事中に知りえた情報を用いて不当に利益を得るということも、やはり懲戒事由となります。最近では、報道機関の社員が、事前に知った情報に基づき、株の取引をして利益を得たということが問題となりました。こういう取引をインサイダー取引といいます。

インサイダー取引とは、金融商品取引法（かつての証券取引法）において規制されているもので、会社関係者が会社の株価にかかわるような一定の重要事実を知った場合において、その事実の公表前に株の取引をすることです。このような取引は一般投資家の利益を損ない、証券市場に対する信頼を揺るがす重大な行為であるので、厳格に禁止されています。一般社員（従業員）であっても、その職務に関して重要事実を知ってしまえば、その公表前に株を取引してはなりません。

また、報道機関の社員のように、会社の重要事実を職務上知る立場にある者も、法律上インサイダー取引は禁止されています。道義的にも、このような違法な「役得」行為は問題があり、社会から強く非難されることになります。

法的には、インサイダー取引には刑罰が規定されていますし、それにより得た財産は没収されるという制裁もあります。さらに会社は懲戒処分をするでしょうし、最近でも大手証券会社のインサイダー取引事件で懲戒解雇がなされています。行為の態様や得た利益の程度にもよりますが、インサイダー取引をした社員は、通常は懲戒解雇されても文句は言えないでしょう。

「役得」は、どこまで許される？

職務上の地位に関連して特別の利益を得ることができる、という意味での「役得」は当然に否定されるものではありません。しかし、ものには限度があります。

法律的な議論ではしばしば、権限の「逸脱」や「濫用」という言葉が出てきます。会社側に一定の人事権があっても、その人事権の行使が「濫用」となっていれば、それは違法となりますし、社員に不利益を及ぼすものであれば無効となるとされています。権限の「逸脱」の場合も同様です。同様のことは、社員が職務上与えられる権限についてもあてはまります。権限が与えられるということは、その本来の範囲内での行使でなければ権限の「逸脱」となりますし、権限の範囲内のことであっても、それが「濫用」にあたるような場合には、権限の適法な行使とは評価されなくなるのです。A部長のように接待のために支出する権限が与えられていても、私用で出費するのは権限の「逸脱」です。取引先を決定する権限が与えられている社員が、その決定の際に会社の利益を度外視して自分の友人の経営する会社に発注するのは、権限の「濫用」といえるでしょう。

権限というのは魔物であり、よほど自分を律する力のある人でなければ「逸脱」や「濫用」の誘惑にかられてしまうのではないでしょうか。これは会社が社員を信用してはならないということではなく、むしろ社員の人間としての弱さに配慮しなければならないということです。たまたま不正が発覚した社員だけ厳罰に処すというのでは不公平感が残るでしょう。社員が権限を不当に行使しないように、きちんとしたチェック体制を設けておくのは社員を危険な誘惑から守るための会社の責務といえるかもしれません。

補講④　会社が社員を訴えることはできるのか？

社員が何か不始末をしでかしたとき、会社は社員に対して懲戒処分をくだすのが普通です。しかし、その不始末により会社が被った損害を当の社員に賠償するよう求めるということは、あまり聞いたことがありません。懲戒処分をすることで十分であり、それ以上に社員から賠償金をとろうとするのはやり過ぎ、ということなのかもしれません。

とはいえ、会社に本当に重大な損害が生じていれば、きちんと賠償請求をすることは経営者の株主に対する責務でもあります。法的には会社が社員に対して損害賠償請求をしてはならないというルールはありませんし、実際に賠償請求がなされた例もあります。

ただ、請求額が大きくなれば、社員が支払い困難となったり、あまりに酷といえる例も出てくるでしょう。

そこで裁判所は、社員の損害賠償責任を軽減するルールを構築してきました。裁判所は、会社と社員が損害を公平に分担するという観点から相当と認められる限度でのみ、会社は損害賠償を請求できると述べています。その際の「公平」性、「相当」性の判断は、①会社の事業の性格や規模、②施設の状況、③社員の業務の内容、労働条件、勤務態度、④社員の加害行為の態様、⑤社員の加害行為の予防や損失の分散についての会社の配慮の程度などを考慮して行われるとしています。

裁判例では、居眠りにより高価な機械にキズをつけてしまったケース、債権の回収を職務としている社員が債権回収ができなかったケースなどで、会社が請求できるのは実際の損害の4分の1程度とされています。社員の損害賠償責任を負う範囲は、会社の被った損害の4分の1くらいに制限されるというのが、裁判における相場ということです。

5講　会社から転勤を命じられました。どういう事情があれば拒否できますか？

夫婦の同居義務

正社員で入社したときから覚悟はしてますよね、転勤があることは。でも、せっかく彼女が出来たばかりなのに離ればなれになるとしたら、切ないものです。結婚していて妻が専業主婦というような場合なら、夫に遠隔地への転勤が命じられても付いて行くでしょうが、共稼ぎであれば別居となるでしょう。受験期の子がいるような場合であれば、妻子をおいての夫の単身赴任となるでしょう。

あまり知られていないかもしれませんが、夫婦には同居義務というものがあります。民法には「夫婦は同居し、互いに協力し扶助しなければならない」という規定があるのです（752条）。もちろん会社の転勤命令によって単身赴任をせざるをえなくなったというときには、この夫婦に法律上の義務違反があったとはいえません。むしろ会社のほうが、夫婦の同居義務をはたすことを困難にさせるような転勤命令を出しているという点で、法的に非難されるべきなのかもしれません。

実際には単身赴任となるような転勤命令は日常的に発せられており、世間では夫婦の同居義務という観点から、これを問題視する声はあがっていません。最近では、夫婦双方が自分の仕事をまっとうするために、はじめから「別居婚」を選択することも多いと聞きます。欧米と比べても日本社会は転勤や別居に対する許容度がかなり大きいようです。しかし、これは普通のことなのでしょうか。

転勤命令には、絶対服従しなければならないのか

多くの人は、正社員として会社に入った以上、転勤命令には従わなければならないと考えているでしょう。むしろ、出世のための一つのステップとしてこれを進んで受け入れる人も多いかも知れません。実際、多くの会社の就業規則には、「業務上の必要がある場合には、転勤を命じることがある」といったような転勤条項が含まれているはずです。労働組合が組織されている会社では、労働組合が会社との間で結ぶ労働協約においても、同じような転勤条項が設けられているはずです。転勤というのは、就業規則や労

働協約という社内のフォーマルなルールに根拠をもつ一つの「制度」ということができるのです。

現実には、会社は転勤を「命令」して強制するということは、できるだけ避けようとします。普通の場合、会社は事前に内示をして本人の意向を確認し、本人が難色を示せば上司が説得したりするなどして、最終的には本人の同意を得たうえで転勤させようとします。ただ、社員が同意をしたときでも、それがいつも本心からのものかというと、それには疑問もあります。会社が転勤命令を発令してしまうと、それを拒否するのは会社を辞めることと同じとなります。会社には強力な権限があるので、社員としては多少の意見の具申はするとしても、本気で転勤に抵抗する気持ちは端《はな》からないという可能性は十分にあるのです。

とはいえ、社員にもいろいろな事情があるはずです。転勤には、生活環境の大幅な変更が伴います。それにもかかわらず、会社の命令である以上、絶対に服従しなければならないとなると、それこそ「社畜に堕する」ことになりかねません。

法的にみて、社員は本当に転勤命令に絶対に服従しなければならないのでしょうか。

勤務地を限定する合意

ある会社に入りたいと考えていて、そこでは転勤が「制度」として存在しているのだけれど、どうしても転勤だけはしたくないという社員もときにはいるでしょう。もし会社が、そのような社員の希望を受け入れて、特別に転勤をさせない約束（あるいは転勤範囲を限定する約束）をしたとき、その約束は有効となるのでしょうか。たとえば、ある社員が「老父母の介護をしなければならないので職場を自宅から通える範囲にしてください」という要望を会社に出したとしましょう。会社がこうした要望を受け入れると、特定の社員だけ転勤から免れることができるので、不公平とならないでしょうか。

社員の労働条件は、本来は個別に（労働）契約をかわして決めるものです。就業規則を使って統一的に労働条件を決めているのは、一人ひとりの社員と個別に労働契約をかわすのが大変だからであって、それは便宜的なものなのです。ある社員が会社との間で勤務地を限定する約束をかわすというのは、本来の労働条件の決め方に戻るということでもあるのです。したがって、こうした約束は法的には有効と考えられています。

実際には、正社員の場合には、こうした勤務地限定の合意をするケースは、それほどないと思います。しかしパートやアルバイトのような非正社員については、通常は逆に勤務地は限定されているでしょう。こうした非正社員は、雇い入れのときにいちいち勤務地限定の約束をしているわけではありませんが、いわば「黙示的に」そうした約束がかわされていると判断されるのです。法の世界における約束や合意には、書面をかわして確認されていたり、はっきりと口頭で行われたものだけでなく、暗黙のうちに相互に了解されているというようなもの（黙示の合意）も含まれるのです。

転勤命令の濫用

正社員として採用され、勤務地を限定するような約束がされていなければ、会社には転勤条項に基づく転勤命令権があるということになります。ただ、実際に転勤命令が発せられたときに社員がそれに従わなくてもよいという場合があります。それは転勤命令が「濫用」といえる場合です。では、どのような場合に、転勤命令は濫用と判断されるのでしょうか。

裁判所は、次の三つの場合は転勤命令が濫用になると言っています。

第一に業務上の必要性がない場合です。先ほどみたように、会社の転勤条項においては、「業務上の必要性」がある場合に転勤を命じると定められているのが一般的です。

では、どの程度の業務上の必要性があれば、転勤命令に従わなければならないのでしょうか。裁判所はそれほど高度の必要性を求めているわけではありません。たとえば社員をある営業所に転勤させようとする場合、どうしてもその人でなければその営業所勤務は勤まらない、というような高度の必要性までは求められません。通常のローテーション人事としての転勤であれば、業務上の必要性はあるものと判断されるのです。

第二に、不当な動機・目的をもって出された転勤命令も、濫用となるとされています。たとえば社員を退職に追い込むことを目的とするような転勤（いわば左遷のようなもの）や、組合活動をしている組合員を嫌悪して行う転勤がこれにあたります。

第三に、社員に通常甘受すべき程度を著しく超える不利益を負わせるような転勤も、濫用となります。問題は、この「通常甘受すべき程度を著しく超える不利益を負わせる」とは、どのような場合なのかです。

社員が甘受すべき不利益の程度

実際に、裁判で争われた例をみてみると、次のような不利益は、「通常甘受すべき程度を著しく超える」ものではないとされています。

塗料会社において営業担当をしてきた社員が、神戸営業所から名古屋営業所への転勤を命じられたところ、それを拒否したために懲戒解雇されたというケースがありました。この社員は大阪の堺市で共働きの妻と2歳の子、71歳だが自活できる母と一緒に住んでいました。社員は家庭生活上の不利益を理由に転勤を拒否したのですが、裁判所はこの程度の家庭生活上の不利益は、転勤にともない通常甘受すべき程度のものであると判断しました。

また、製薬会社において、夫婦が共に同じ会社で働いていたところ、夫にだけ東京営業所から名古屋営業所への転勤が命じられたというケースがありました。夫婦には3人の子供がいました。この夫婦は、転勤命令は単身赴任を余儀なくするもので、家族生活を営む権利、夫婦が協力して子を養育する権利、子供が両親から養育を受ける権利を侵害すると主張しました。裁判所は、たしかに転居をともなう転勤は経済的・社会的・精神的不利益を負わせるので、転勤を命じる際に会社は社員のこうした不利益を軽減、回避するための措置をとるよう配慮しなければならないが、このケースでは会社は、家族帯同で赴任するなら家族用住宅を提供し、持家の管理運用をすると、また単身赴任の場合には単身赴任用住宅を提供し、別居手当も支払うと申し出ており、相応の配慮はなされているので、こうした点を考慮すると、この転勤命令は通常甘受すべき程度を著しく超えるものとはいえないと判断しました。

さらに、別々の会社で働いている共働き夫婦の妻が、会社から転勤命令を受けたところ、通勤時間が2倍近くになり、そのためにこれまで夫婦協力して行っていた3歳の子供の保育に支障が生じることになるので、これを拒否したために懲戒解雇されたというケースがありました。裁判所は、この転勤命令により妻が負うことになる不利益は必ずしも小さくはないが、通常甘受すべき程度を著しく超えるとまではいえない、と判断しました。

家族に病人がいる場合

このように裁判所は、社員に「通常甘受すべき程度を著しく超える不利益」が生じているとは簡単に認めない傾向にあります。

ただ、家族に病人がいるような場合は例外です。たとえば、長女が躁鬱病、次女が運動発達遅延の状況にあり、また両親の体調不良のため、本人が家業の農業の面倒をみているという家庭状況にある社員に対する転勤命令は、濫用であると判断されています。

また、妻が過去にクモ膜下出血で倒れたことがあり、現在も定期的に通院しており、一緒に住む実弟は知的障害者で収入がないという家族状況にある社員に対する転勤命令や、妻が精神病に罹患している社員に対する転勤命令も濫用にあたると判断されています。

また数年前に、育児介護休業法（育児休業、介護休業等育児又は家族介護を行う労働者の福祉に関する法律）のなかに、転勤によって社員が現在行っている育児や介護が困難となるときには、会社はそうした状況に配慮しなければならない、という規定が設けられました（26条）。したがって、こうした配慮をしないで発せられた転勤命令も濫用と判断される可能性があります。

裁判官の考える「社会通念」

「通常甘受すべき程度を著しく超える不利益」とは、どのようなものかは、結局はケース・バイ・ケースの判断であり、明確に定式化できるものではありません。まさにそれゆえに、実際に訴訟になれば、裁判官の考える「社会通念」に則した判断にゆだねられることになるのです。

私は、日本社会は、転勤にいささか寛大すぎるのではないかと思っています。転勤は、恋人とも、妻とも、夫とも、そして子とも引き離される可能性があります。頻繁な転勤のある会社で働く父をもった子は、何度も転校しなければならなくなり、友達ができにくいという話をよく聞きます。会社は、社員やその家族に及ぼす不利益について、もう少し真剣に考えていくことが必要ではないかと思います。

これと同時に、会社にとっての転勤の意味そのものについても再考が必要かもしれません。たしかに長期的な雇用が保障されている正社員には、転勤によりいろいろな勤務地や部署を経験させることが、社内でのキャリア形成に役立つことになるでしょう。社員の適正な配置や組織の活性化といったメリットもあるでしょう。このように、会社にとって、社員の転勤について「業務上の必要性」があることは否定できません。しかし、通常のローテーション人事としての転勤は、どうしてもその社員を転勤させなければならないというほどの高度の「業務上の必要性」があるわけではないことも事実です。

法的には、もう少し社員の不利益を重く考慮し、会社側の業務上の必要性を厳格に解していくと、転勤命令に従わなくてもよいケースが増えていくことになるでしょう。しかし、こうした方向に行くには、われわれの転勤に対する意識が変わり、それが裁判官の考える「社会通念」に影響を及ぼすようにならなければならないのです。

補講⑤　人事異動

配転、出向、転籍は、通常まとめて人事異動と呼ばれます。配転は同じ会社内での転勤や職種の変更をさします。出向と転籍は別会社への異動という点では共通しますが、出向は元の会社に在籍したままであるのに対して、転籍は元の会社との関係が法的には完全に切れてしまいます。

出向は、復帰が予定されていない「片道切符」のものもあります（たとえば役職定年後、関連会社に出向するような場合）が、多くの場合には3年くらい経つと元の会社に復帰してきます。これに対して転籍は復帰が予定されていない場合がほとんどであり、これは要するに、元の会社の「退職」と大差がないことになります。そのため転籍は、社員のその都度の同意なしに一方的に命じることはできないとされています。

転籍は、会社の組織再編にともなって行われることもあります。たとえばある出版社Aにおいて書籍部門と雑誌部門があったところ、その雑誌部門が他の出版社Bに譲渡されることになったとしましょう。こうした譲渡を「事業譲渡」といいます。この「事業譲渡」にともないA社の雑誌部門で働いていた社員が、B社に転籍するかどうかは、まずはA社とB社との間の話し合いで決まり、そのうえで転籍と決まった場合でも、社員のほうに転籍に応じるかどうかの決定権（拒否権）があります。転籍は、先ほど述べたように社員の同意なしにはできないからです。

ところが、同じようなことを会社分割という手続をふんで行った場合は状況が異なってきます。もし先ほどのA社が雑誌部門を会社分割の手続をふんでB社に移転させた場合、雑誌部門で働いていた社員の労働契約関係は、労働契約承継法（会社分割に伴う労働契約の承継等に関する法律）という特別法によって決められることになります。労働契約承継法によると、A社の雑誌部門で雑誌担当の編集者として働いていた社員（承継される事業に主として従事する労働者）は、会社分割の計画書において転籍対象者に含められれば、本人の同意がなくてもB社に転籍することになります（社員に拒否権はありません）。転籍対象者から除外されていたとしても、その社員本人が異議を述べれば、転籍することができます。これに対しA社で経理担当で働いており、主として書籍部門の社員の経理を担当していたが、雑誌部門の社員の経理も担当していたという社員（承継される事業に主として従事していない労働者）については、通常の転籍と同じように扱われます。すなわち、この社員が転籍対象者に含められても、異議を述べれば転籍を拒否してA社に残ることができます。

6講 まったく働かない給料ドロボーがいます。会社はこういう人を辞めさせることはできないのでしょうか？

給料ドロボーの2タイプ

どこの会社でも、「給料ドロボー」と呼ばれる社員の一人や二人はいるでしょう。もちろん、これが本当に給料を盗んでしまうドロボーであれば懲戒解雇になるでしょうし、「業務上横領」や「窃盗」という立派な犯罪が成り立ち、刑務所送りになるはずなので話は簡単です。

問題は、こうした本当のドロボーではない、いわば合法的な給料ドロボーです。組織で働いている人たちの声を総合してみると、このような「給料ドロボー」には、①仕事に真剣にとりくまないくせに一人前の給料をもらっている社員、②一生懸命に仕事をしているのに能力不足で給料分は働いていない社員、の2タイプがあるようです。

あんな奴があんなに給料をもらっているのは許せないという怨嗟の声は、給料ドロボーに対してよく浴びせかけられるものです。ひょっとするとあなたも、仕事ができない人の給料は当然に下げることができる、下げないのは単に会社のお情けだ、と思っていませんか。でも、そうとはかぎらないのです。給料をどのように支払うかは、そもそも契約により決まります。普通の社員はいちいち契約書をかわしていないでしょうが、代わりに会社の就業規則（あるいはその付属規則である賃金規程）で決まっています。いずれにせよ会社ごとに給料の決め方のルールがあるのです。

もし、あなたの会社の給料が勤続年数を中心にして決まるものだったとすれば、給料は仕事がどれほどできるのかとは関係しないでしょう。法律は給料の決め方について何も縛りをかけていません。法律で求めているのは「最低賃金を上回る給料を支払え」「差別をしてはならない」ということくらいです。仕事の出来ぐあいを給料に反映しなくても、法的には何の問題もありません。

もちろん、仕事ができない人は出世が遅くなる可能性は高いでしょう。ボーナスの査定が低くなることもあります。だから、長期的にみれば仕事のできない人が報われるということは、ほとんどないでしょう。

成果型の落とし穴

最近では成果型と呼ばれる給与制度を導入する会社も増えています。これだと、たしかに仕事のできない人の給与は下がっていくので、給料ドロボーはいなくなっていくかもしれません。でも成果型の給与制度には、社員の成果をどのように評価するのかという難しい問題があります。契約をとってきた件数に応じて給料が決まるというような歩合制であれば評価の問題はでてこないでしょうが、普通の事務系の仕事であれば成果を公正に評価するのはかなり難しいことでしょう。査定を行う上司にうまくすり寄った人が高い査定になるとか、人間性が良いなどの仕事の能力とは直接関係のないことで査定が高くなったりすることは、現実には十分ありえるのです。ダメ男君が懸命に汗を流して働く姿をみて、低い評価にするのは人情として難しいところもあるでしょう。査定が相対評価であれば、社員間で高い査定を求めて競争するようになり、職場の人間関係がぎすぎすしてしまう逆効果もあります。こうなれば成果型は会社の生産性を落としてしまうことにもなりかねません。

給料ドロボーに対する最も激しい批判は、「あんな奴はクビにせよ」というものです。仕事ができない以上、クビになるのもやむをえない、という正論も聞かれます。法的には、零細の事業場を除き、会社は就業規則を制定しなければならず、そこには解雇事由を書いておかなければなりません（労働基準法89条3号）。多くの会社では就業規則に、勤務成績や勤務態度が著しく不良であれば解雇できると書かれています。給料ドロボーは、この規定に基づきビシバシ解雇すればいいんだ、という見方もあります。

しかし、そんなに簡単に同僚をクビにしろと言ってもよいものでしょうか。そもそも、会社員にとって最も恐ろしいことはクビになることでしょう。クビになると、もちろん給料を失い、近所の信頼を失い、将来の生活展望を失い、自分への自信や誇りも失います。家庭内の尊敬も（あったとして、ですが）失うかも知れません。多くのものを失ってしまうのです。仕事ができない社員を簡単にクビにするような会社であれば、あなたがいつ逆の立場になるかもわかりません。

優良会社の条件

解雇の脅威を振りかざして仕事をさせるというような会社は、少なくとも日本の優良会社にはまずないでしょう。そんな会社なら優秀な社員はとっとと辞めていくでしょう。優秀であれば転職も容易なので一つの会社にしがみつく必要はないからです。むしろ、優良な会社は社員をいかにして気持ちよく働かせるかに注意を払っています。

　こうした勤労意欲をもたせるためには、モチベーション（動機付け）が大切です。モチベーションとは言うなれば、馬の目の前にぶら下がった人参です。仕事をすると出世する、給料が上がる、肩書きがよくなる、愛人をもてるかもしれない（?）、といったいろんな「アメ」があると、人々は働こうとします。また、もう少し内面的なモチベーションもあります。会社のために働くことに生き甲斐を感じる、会社から少しずつ重要な仕事を与えられるようになりそのことに喜びを感じるようになる。こうした精神的な喜びも、社員の勤労意欲を高める効果をもつでしょう。

　このように社員に気持ちよく働いてもらうための前提としてでてくるのが雇用保障です。日本の正社員は終身雇用あるいは長期雇用が保障されていると、よく言われてきました。いったん正社員として入社すると会社は定年までは雇ってくれるし、もしその会社で雇われなくなっても、関係会社などに出向することにより、雇用そのものは守ってくれるのです。仕事ができなければクビという会社では、社員は落ち着いて働くことはできないでしょう。

解雇をめぐる法的ルール

法的にも解雇は厳格に制限されています。まず、労働基準法によると、解雇をするには会社は30日前に予告をしなければなりません。予告をしない場合には、それに代わる手当を支払わなければなりません（20条）。それだけではありません。解雇には、客観的に合理的な理由があり、社会通念上相当なものでなければならないのです（労働契約法16条）。何が客観的に合理的な理由であり、社会通念上相当かについては、法律上は明確にされていませんが、裁判所のこれまでの傾向をみると、社員側によほどのマイナスポイントがなければ解雇は有効と判断されません。

かつて放送会社のラジオのアナウンサーが、2週間のうちに2度も朝寝坊をして定時ニュースの放送ができないという事故を起こしたために、解雇されたという事件がありました。最高裁判所まで争われましたが、結局、解雇無効との判決が下されました。最高裁判所は、社員の日常の勤務態度、放送事故の起きたときの状況、会社の体制などに関して、社員に有利な情状をできるだけ考慮に入れて解雇を無効としたのです。

このほかの裁判例をみても、特別の能力に着目されて中途入社したが、能力が不十分だったというような場合（たとえば、英語の通訳として採用されたが英語のコミュニケーションが十分にできなかったような場合）を除くと、一般の社員について勤務成績が低いという理由だけではなかなか解雇は有効と認められません。会社が適切な教育訓練をほどこせば改善の見込みがあるという場合には、まずはそうすべきなのであり、会社は解雇を回避するための努力を尽くすべきだとされているのです。仕事ができない給料ドロボーも、別の部署に変えてみたり、教育指導を十分に行ったりして、仕事ができるようになる可能性があるかぎりは、解雇は有効と認められないでしょう。

合法的な解雇のルート

つまり、給料ドロボーを解雇するのは容易ではありません。しかし、全く策がないというわけではありません。

まず会社は、どうしても社員を辞めさせたいと考えるならば、退職金の上乗せをしたりして解雇に同意してもらい、円満退職の道を探ろうとします。法的には、円満退職は解雇ではなく合意解約となります。解雇とは一方的に雇用を打ち切ることだからです。合意解約は解雇ではない以上、解雇に関する規制がかかってこないので（合理的な理由などは不要）、会社は合意解約のほうを望むのです。

それでも社員側がどうしても退職に応じないということもあるでしょう。もちろん脅して解雇に同意させるようなことは許されません。そのような同意は後から取り消すことができます（民法96条は強迫による意思表示は取り消すことができると定めています）。隔離部屋に異動させたりするような嫌がらせをして辞職に追い込むことも、裁判になれば会社は責任を問われてしまいます。

そこで次に考えるのは、合法的な解雇のルートです。これにも二つあります。もし会社の経営状況がかなり苦しくて、それゆえ仕事のできない給料ドロボーを雇い続けることができないというのなら、解雇が有効とされる可能性が高まります。こうした経営上の理由に基づく解雇（「整理解雇」と呼ばれます）は、①人員削減の必要性があり、②解雇回避の努力が尽くされ、③解雇される者の選定が適切であり、④労働者側との協議をきちんとしている、という事情があれば有効となるとされています（①から④は必ずしもすべてがみたされる必要はありません）。

もう一つのルートは、重大な規律違反行為があることを理由として行われる懲戒解雇です。あるいは罪一等減じて、諭旨退職や普通解雇となることもあります（これらの解雇が懲戒解雇と違うのは、退職金が支給される点です）。

能力不足という理由の解雇は、先ほど述べたように、なかなか有効とはならないのですが、規律違反という理由の解雇であれば、その事実が確認されさえすれば、解雇は有効とされやすくなります。そのため、会社は、どうしても辞めさせたいと考える社員がいるときは、その身辺を調査してなんとかして規律違反を探し出すでしょう。社員としては、普通であれば黙認されたりするようなささいなことが、大々的にあげつらわれてしまうかもしれません。清廉潔白、どこをたたかれても埃が出ないという自信があれば心配ありませんが、それでも、やはり社員は注意をしておくに越したことはありません。会社が本気になれば、あなたを辞職に追い込むことはそれほど難しくないのです。ひょっとすると、能力がないからクビっていうほうが、それほど傷も付かず、退職金ももらえて、まだましだったというようなことにもなりかねないのです。

補講⑥　労働組合から脱退すればクビ?

労働組合のなかには、脱退したり、除名されたりした組合員は解雇するように、会社と協定を結んでいるところが少なくありません。こうした協定を「ユニオン・ショップ協定」といいます。労働組合は労働者の味方のはずなので、そのメンバーでなくなったからといってクビにせよと会社に求めるのは、いくらなんでもひどいという気もします。ところが驚くなかれ、裁判所はこうした解雇は有効と明言しているのです。

なぜかというと、ユニオン・ショップ協定は、労働組合の団結力の強化に役立つもので、社会的に意味がある、と判断されているからです。労働者が個々人の判断で労働組合に入ったり、入らなかったりということになると、労働組合組織は弱体化して、会社に十分に対抗できず、それはひいては労働者のためにもならない、というのです。

こういう理屈は、労働者一人ひとりが本当に貧しくて、労働組合に入らなければ、会社に搾取されてしまう、というような時代であれば、それなりに説得力があったかもしれません。しかし、戦後60年以上経ったいま、こうした理屈はかなりアナクロです。自分はこんな労働組合は嫌だからやめる、と言えないのはおかしい気がします。

裁判所は、別組合に加入したり、新たに組合を作ったりすれば、解雇から免れることができると言ってはいるのですが、そもそも、組合から脱退した人を解雇できるという前提がおかしいのです。ユニオン・ショップ協定を使わなければ組織を強化できないような労働組合なんて、本当に労働者のためになるのでしょうか。

7講　会社がひどい法令違反をしています。内部告発をした時に自分の身を守る方法はありますか？

知りたくなかったこと

食料品に関する不正行為が次々と報道されています。北海道のお土産の定番だった「白い恋人」の賞味期限偽装、伊勢の「赤福」の製造日偽装。どれも消費者の信用を著しく損なったもので、驚きの事件です。こうした会社ぐるみの不正行為の多くは、社員の内部告発が端緒になって発覚しています。

でも、社員の立場からすると、よほどのことがなければ自分の会社の不正行為の告発はしづらいでしょう。老舗菓子メーカーに勤めるA子も、そんな社員の一人です。

「ねえB子。実は昨日会社で、店長が生菓子の消費期限のラベルを貼り替えていたのを見ちゃったのよ」

「えっ。それって偽装じゃない。で、A子はどうしたの」

「店長を問いつめたら、上のほうからの指示だって。しかもうちの会社ではもう何年も前からやっているんだって。消費期限なんて3日ぐらいごまかしてもどうってことないって開き直ってたわ。ねえ私はどうすればいいと思う。保健所に通報すべきかな」

「でも、そんなことをすると、あなたがチクったってバレちゃうでしょう。会社にいられなくなるよ」

「せっかく入った会社だから辞めたくないわ。でも偽装をやる会社にもいたくない」

「いまから就職活動をするのは大変よ。仲間を集めて社長や役員にでも直訴して、偽装をやめさせるようにしてみたらどうなの」

「それができたら苦労しないわ。偽装は会社ぐるみでやっている感じなのよ」

A子が本当に気にしていたのは、自分のことではありませんでした。もし、自分が偽装を告発したら、たぶん会社はマスコミからたたかれて、商品が売れなくなるでしょう。場合によっては倒産するかも知れません。実際にそういうことになった例もあります。そうなったら、今まで一緒に働いてきた社員仲間を苦しめることになります。A子は悩んだ末、結局、保健所には通報しませんでした。

A子はまだ20代の独身で、会社を辞めたとしても両親のもとで生活をすることができたでしょう。でも、従業員１００人程度の製造メーカーで総務部長をしているC男さんは50代半ばで、子供も3人いて、奥さんは専業主婦です。C男さんはある夜、家族に衝撃の告白をしました。

「なあみんな、お父さんの話をよく聞いてほしい。実は先日、労働基準監督署という役所の人がきて、うちの会社の社員の勤務時間の管理状況を調べていったんだ。サービス残業って言葉を、聞いたことあるだろ。残業をしても残業代が払われないことだ。これは労働基準法っていう法律に違反することなんだ。お父さんは責任者だから、うちの会社が法律をきちんと守っていないことは知っていた。これは、どこの会社もやっていることなんだけど、最近は、世間の目が厳しくなってきて、役所も取り締まるようになったんだ。今回うちの会社も役所から是正勧告というのを受けて、近いうちにお父さんが役所に改善報告書を出すことになっているんだ。ところが社長が、うちの会社は経営が厳しくて残業手当なんて絶対に出せない、だから社員が残業手当を受領したということにして報告書を作成するようにって言うんだ。でも、これは偽装だ。もしバレたら、お父さんは警察につかまってしまうかもしれないんだ。お父さんは、こんなことはやりたくないから会社を辞めようと思っているんだ。お父さんの気持ちをわかってくれ」

妻も子供たちも、お父さんの気持ちはわかるけど、何とか辞めないでほしいという意見でした。C男さんは、悩みに悩んだすえ、結局、会社を辞めて、そして会社の違法な勤務時間の実態を労働基準監督署に告発しました。

労働基準法が認めた権利

C男さんが恐れたように、労働基準監督署に求められた報告に虚偽の記載をした場合には、30万円以下の罰金刑が定められています（労働基準法120条5号）。いくら社長命令であっても、こんな犯罪になるような虚偽の報告書を提出せよという命令には、社員は従う必要はありません。また、会社内の労働基準法違反の事実を労働基準監督署に申告するということは、社員の権利として認められています。会社がそれに対して報復的に不利益な取扱いをすることは厳重に禁止されています（労働基準法104条）。つまり労働基準法違反の事実について内部告発をすることは、社員の権利として保障されているのです。

このようにC男さんの置かれている状況は法的にみると十分に守られているのですが、実際にはそれほど楽ではありません。違法な社長命令に従わないことや、社内の労働基準法違反を告発したりするのは、法的には正しいことであっても、会社内の「掟」には反することだからです。会社内の「掟」に反すると、目に見えない形でさまざまな嫌がらせが降りかかってくる可能性があります。法は残念ながら、こういうことまでを完全に防止することはできないのです。

とはいえ、労働基準法違反の告発は、法律で守られているだけまだましということかもしれません。労働基準法以外の法律違反の告発は、労働基準法では保護されません。ただ、A子さんのようなケースで、かりに保健所に通報していたとき、何の法的保護もないかというと、そうではありません。たとえば会社は、保健所への通報行為は、会社の秘密を漏洩したことになるから、そのことを理由に懲戒解雇をしてくるかもしれません。1講で触れたように普通の就業規則では、会社の秘密を漏洩することは懲戒事由(多くは懲戒解雇事由)として定められています。しかし会社が違法行為をしているという事実は、秘密として保護するには値しないものです。したがって、会社が秘密漏洩(秘密保持義務違反)として懲戒処分をしたとしても、その処分は無効となるはずです。

また会社は、その名誉や信用を失墜させた、あるいは会社の体面を著しく汚したということを理由に懲戒処分をしてくるかもしれません。懲戒解雇だってありえます。会社の名誉・信用の毀損等も、多くの就業規則に定められている典型的な懲戒事由です。実際、内部告発した社員に対して、この懲戒事由に該当することを理由に懲戒処分が課された例はたくさんあります。この場合に、処分が有効とされるかどうかはケース・バイ・ケースの判断となります（補講⑦を参照してください）。

公益通報者保護法

このように、会社からの報復的な処分が有効となるかどうかは、実際に裁判所で争ってみなければはっきりしないところがあります。何よりも、社員にとって問題なのは、どのような内部告発であれば法的に保護されるのかが、明確でないということです。これでは、社員はなかなか内部告発に踏み出せないでしょう。

しかし内部告発は、会社の違法行為を暴き、消費者や一般市民にとって大きな利益となるものです。こうしたことから、内部告発をした社員の保護のためのルールを明確化するために制定されたのが、公益通報者保護法です（２００６年4月から施行）。公益通報者保護法は、一定の要件をみたした「公益通報」をした社員に対して、会社が不利益な取扱いをすることを禁止する法律です。「公益通報」というのは耳慣れない表現ですが、要するに内部告発のことです。

「公益通報」をした社員が保護される要件は、実はかなり厳しいものです。法律により保護されるのは、犯罪行為（刑事責任）にかかわるような事実の通報に限定されています。A子さんがもし通報していれば、食品衛生法違反の犯罪行為にかかわるものであるので、法律で保護される可能性がありました。これに対して、社長が愛人を秘書にして公私混同をしているような事実の通報は、その事実は社会道徳上問題であっても、犯罪行為に結びつくものではないので、公益通報者保護法では保護されません（背任罪等に該当するような行為があれば別ですが）。

また、公益通報者保護法は、どこに通報するかによって保護の要件が変わります。会社への内部通報の場合には保護される要件が最も緩く、監督官庁への通報はそれに準じた保護の要件となりますが、会社の外部（報道機関等）への通報となると保護要件が厳格になります。外部への通報が保護されるためには、会社に内部通報すれば報復されることが目にみえている、証拠隠滅のおそれがある、会社に通報したのに対応してもらえなかった、個人の生命・身体に危害が発生する窮迫した危険がある、といった事情がなければならないのです。

ジコチューって言わないで

正当な内部告発であれば法的な保護が及ぶのですが、だからといって会社内のインフォーマルな嫌がらせまでを阻止することができるわけではありません。公益通報者保護法が制定されたというだけでは会社の不正行為の告発は進まないでしょう。

A子さんのように保健所への通報をためらったことを誰がジコチュー（自己中心的）と批判できるでしょうか。もしC男さんが社長の命令に従って残業手当を支払ったことにするという書類を役所に提出したとしても、それを正義に反するとして誰が批判できるでしょうか。本当に悪いのは、不正行為をしている会社のほうです。経営者が襟を正して、コンプライアンス（法令遵守）を重視した経営をする必要があるのです。そうでなければ良心的な社員であればあるほど苦しむことになります。

内部告発は、それをする社員に大きな負担と犠牲がかかるので、それに見合うように、報償金の支払いをする制度を設けるべきだという提案もあります。リスクにはリターンを、ということです。しかし、これには金銭目的の告発を誘発するとして批判も少なくありません。また社員のほうも、会社の不正を暴いてお金をもらうということに抵抗感がある人も多いでしょう。報償金制度がどれだけ効果的かには疑問が残ります。

内部告発をした人は、世間から「裏切り者」として白眼視されることをおそれています。われわれ一般市民が、社員の内部告発を勇気ある行動として讃えるようにしていくことこそが、不正行為の告発を促進するために最も効果的なのかもしれません。

補講⑦ 内部告発に対する報復的な処分が問題となった裁判例

内部告発をした者に対する会社からの報復的な処分の有効性が裁判で争われたケースは、いくつかあります。以下、代表的な例をみてみましょう。なお、公益通報者保護法の制定後、同法では保護されない内部告発をした場合であっても、従来の裁判例に照らして、会社からの処分が無効と判断される可能性は十分にあります。

① 道路公団の職員が、公団が実施している建設工事に批判的な内容の投書を行い、それが新聞に掲載されたために、公団の名誉毀損などを理由に3カ月の停職処分(懲戒処分)を受けたというケース。裁判所は、公団の業務の遂行に支障を生じさせて、職場秩序を著しく乱したとして処分を有効と判断しました。

② 大手銀行の銀行員が、銀行の経営理念や労務政策を批判する手記を掲載した本を出

版したために、名誉・信用の毀損を理由に戒告処分（懲戒処分）を受けたというケース。裁判所は、掲載内容の大半が事実であること、また銀行員の労働条件の改善を目的とした行為であることなどを重視して、この処分を無効と判断しました。

③　予備校の講師が、理事長の不正経理問題について記者会見をしたために、学校に重大な損害を与えたことや秩序を乱したことなどを理由に普通解雇されたというケース。第1審は、講師の行動は懲戒事由には該当しうるが、労働環境の改善を図ろうという正当な目的により出たものであり、解雇は行きすぎであるとして処分無効と判断しましたが、第2審は、雇用関係の信頼をふみにじるとして処分を有効と判断しました。

④　信用金庫の職員2名が、金庫の不正融資を指摘するために、信用情報にアクセスし、それを証拠として警察などに提出したために、秘密漏洩や名誉・信用毀損等を理由に懲戒解雇されたというケース。第1審では処分は有効とされましたが、第2審では無効とされました。金融機関における信用情報へのアクセスは重大な規律違反ではあるのでしょうが、会社の不正を暴くという目的によって、こうした行動がとくに免責されるかどうかで、第1審と第2審とでは判断が分かれました。

⑤　学校の講師が、理事長の指示により行政機関に提出する書類に虚偽記載がなされて

いることを、大臣（当時の通商産業大臣。現在の経済産業大臣）に内容証明郵便で告発したために、名誉・信用毀損等を理由に普通解雇されたケース。裁判所はこの処分を無効と判断しました。

⑥　生協の室長らが、役員が生協を私物化して公私混同しているという文書を、総代会の前に関係者に送付したために、虚偽の風説を流布したことなどを理由に懲戒解雇されたケース。室長らは、生協に対して損害賠償を請求する訴訟を提起し、裁判所は訴えをおおむね認め、懲戒解雇は無効であると判断しました。

⑦　動物園でゾウの調教の際に虐待があったとして、そこで働く社員がテレビ局に告発をし、信用失墜行為であることなどを理由に懲戒解雇されたケース。裁判所は、告発内容が真実性に欠けることなどを理由に、懲戒解雇を有効であると判断しました。

裁判所の傾向をみると、会社からの処分については、告発内容が真実である場合、告発の目的に公益性や正当性が認められる場合、通報先が行政機関や高度に利害関係のある限定された者である場合、内部告発により経営の改善の契機となった場合などには無効とされるケースが多いことが分かります。逆に外部に告発をする前に内部に通報するなど企業内部での解決を図っていないケースでは有効とされやすいようです。

8講　会社が他の会社と合併することになりました。合併後は給料が下がりそうなのですが、そんなことは認められるのでしょうか？

会社にとって社員とは

時代が昭和から平成へと移りゆくなかで、大きく変わったものの一つに終身雇用システムがあります。かつては、正社員として就職することができれば、雇用は「安定」し、将来は「安泰」でした。「安心」を手に入れることができたのです。「安定」した職を得た男性は一人前と評価され、結婚相手を見つけ、子をもち、銀行からお金を借りて家を建てることができました。

ところが、平成に入って、「終身雇用」は急速にリアリティを失い、年功序列賃金も廃れてきました。実際に給与が下がるケースも出てきています。

そもそも、会社にとって正社員とは、どのような存在なのでしょうか。実は、法的に言うと会社にとって最も重要なのは社員ではありません。株主なのです（会社法では、社員とは株主のことをさします)。それはなぜでしょうか。これを知るためには、会社とはそもそもどういう組織なのかということから考えておく必要があります。

株式会社の本質

人が事業を行おうとする場合、まずやらなければならないのは資金の調達です。資金調達のための手っ取り早い方法は、金融機関等からの借金です。しかし、借金をするためには、担保を提供したり、保証人をたてたりする必要があります。十分な担保がなければ借金は困難です。また、借金を返せないと、担保に入れたものを失ったり、保証人に迷惑をかけたりします。これでは、多額の借金をするのは大変です。

しかし、大きな事業を起こそうとすると、ある程度の資金が必要となります。そこで、多額の資金の調達方法として考え出されたのが、会社なのです。会社にもいろいろなタイプがありますが、最も重要なのが株式会社です(このほかに、合名会社、合資会社、合同会社があります)。株式会社というのは、会社に資金調達をしてくれる人に株式を発行するというシステムです。

このシステムでは、会社は、株主(株式を購入した人)に対して借金をしているわけではありません。株主は、株式を購入しているだけです。では、どうして株主は株式を購入するのでしょうか。それは、株主になると大きな利益を得る可能性があるからです。もし、会社の価値が高まり株価が上昇すると、株主は株式（株券）の売買により利益を得ることができます。また、会社が利益をあげれば、株主は多くの配当金を得ることもできます。会社の経営者には、株主の利益を最大化するように行動することが義務づけられています。無能な経営者は株主総会で解任されてしまう可能性もあります。

その一方、株主は、最初に株式に投資する以外には、会社経営に関して何の責任も負いません。この「株主有限責任」という原則があるので、投資家は安心して株主になることができるのです。もちろん、会社経営がうまくいかないときは、株式の価値は減少しますが、それでも当初の投資以上の追加的な出資が求められるわけではありません。

このように、会社というのは、多くの投資家から資金を調達して共同事業を遂行するのに適した手段といえます。それを実現するための基盤として、配当請求権、株主総会での議決権、株主有限責任などの株主の権利が十分に保障されているのです。これが会社が株主のものといわれるゆえんです。

社員の利益

では、会社において社員の利益はどのように位置づけられているのでしょうか。社員の保護を法的に図るのが労働法であるといえます。ただ労働法は、ぎりぎりの局面では会社法の前に無力となります。たとえば株主総会で会社を解散する決議がなされた場合、それにより社員が路頭に迷うことになろうとも、その決議の効力は左右されません。

このように、株主の力は法的には強いのですが、実はある程度の規模の会社となると、個々の株主の力はそれほど大きくありません。大会社の株券を少しばかり購入しても、それによって会社経営に影響を及ぼすことはできないでしょう。大口の株主となって、はじめて会社経営に影響力をもつことができるのです。

ところで、バブルが崩壊する前までは、大口の株主とは、互いに株式をもちあう関係会社や銀行でした。これらの株主は、一般の投資家とは異なり、目先の会社の利益にあまり関心をもたず、主として会社経営の安定性に関心をもっていました。こうした「物言わぬ株主」が多かったことから、経営者は、社員の利益のほうを重視した経営をしやすい状況にありました。そのことがかえって社員の生産性向上をもたらし、ひいては株主にも利益となるという好循環を生んでいたのです。

会社が正社員の長期雇用を保障して解雇をできるだけ控えてきたことや、会社が（企業内）労働組合を敵視せずに労使協議による相互理解を重視し、そのために労働争議を抑制することができたのも、株主が短期的な利益の実現にこだわらなかったからともいえるのです。もし株主が短期的な利益を期待すると、経営者は不要な人材をどんどん解雇したり労働条件の切り下げを行うようになり、そうなると労働組合も態度を硬化して労働争議が増えるということになっていたでしょう。

法的には、会社は株主の利益を重視しなければなりませんが、実態としては、日本の会社は、社員の利益をかなり重視してきたのです。日本の会社は、「従業員主権企業」（伊丹敬之）と言われたりもしました。

合併によって労働条件はどうなるか

しかし、こうした社員の利益を重視する経営スタイルが近年、変化を見せつつあります。徐々に株主の声のほうが高まりつつあり、経営者が株主の短期的な利益の実現に配慮せざるをえない事態が生じてきているのです。たとえば、Ｍ＆Ａ（合併・買収）の増加は、こうした状況変化を背景にしたものといえます。

合併にしろ買収にしろ、会社組織の再編は、社員の手の届かないところで決定されます。しかし、こうした再編は社員の雇用や労働条件に大なり小なり影響を及ぼすことになるでしょう。では法的には、合併や買収から社員は守られているのでしょうか。

実は、合併によっては社員の権利や利益に直接的な影響は生じません。合併は、法的には「包括承継」と呼ばれ、合併の前後をとおして社員の権利義務には変化はないのです。社員の労働条件を定める労働協約も就業規則も、そっくり承継されます。これは合併によって吸収されて消滅するほうの会社の社員であっても同じです。

ただ、「包括承継」は、合併後に別の問題を引き起こすことになります。合併により別々の会社で働いていた社員が一つの会社で働くことになるからです。それぞれが元の会社の労働協約や就業規則を承継することにより、一つの会社の中に異なる労働協約や就業規則が存在することになります。こうした事態は会社としては好ましいことではありません。そのため、これらを統合するという作業が必要となります。

この統合作業により、労働条件の引下げが行われることも起こりえます。では、その場合、こうした引下げは法的にみて有効となるのでしょうか。これについては、最高裁判所の重要な判決が二つあります。

就業規則の不利益変更

第一の判決の事例は次のようなものです。七つの農業協同組合が合併して一つの農協に統合され、それにともない退職金が平準化されることになったため、これまで相対的に良い退職金規程をもっていたある農協の職員にとって不利益になる変更が生じました。合併後に退職したある職員は、合併後の退職金規程（就業規則）は合併前の就業規則よりも不利益となっているので自らには適用されないとして、合併前の基準に基づく退職金の支払いを求めて訴訟を起こしました。これは「就業規則の不利益変更」という労働法上の最も難しい問題の一つに関係しています。会社が一方的に制定したり、改訂したりする就業規則によって、社員の労働条件が当然に不利益に変更されるのはおかしいけれど、社員一人ひとりの同意がなければ就業規則の変更ができないというのでは会社経営はやっていけないというところに、問題の難しさがあります。

この難問について、いまから40年前に、最高裁判所はとりあえず決着をつけました。すなわち、就業規則の不利益変更は合理性があることを条件に、これに反対する社員にも拘束力があるとしたのです。問題はどのような場合に合理性があるかですが、その判断基準は、最近制定された労働契約法（10条）で明記されることになりました。

それによると、合理性の判断は、「労働者の受ける不利益の程度、労働条件の変更の必要性、変更後の就業規則の内容の相当性、労働組合等との交渉の状況その他の就業規則の変更に係る事情」を考慮して行われるものとされています。法律で明記されたといっても、あまり明確な判断基準ではなく、結局は合理性の有無はケース・バイ・ケースでの総合判断となります。ただ、最高裁判所は、先の合併のケースでは、次のように述べています。

「一般に、従業員の労働条件が異なる複数の農協、会社等が合併した場合に、労働条件の統一的画一的処理の要請から、旧組織から引き継いだ従業員相互間の格差を是正し、単一の就業規則を作成、適用しなければならない必要性が高い」

つまり、合併にともなう労働条件の統一化の（ための変更の）必要性が高いことは最高裁判所も認めているのです。したがって、その他のケースでも、合併した会社間の格差を是正するという目的で改訂された就業規則は、労働条件の不利益変更をもたらすものであっても合理性が認められる（それゆえ変更に反対する社員を拘束する）可能性が高いでしょう。

労働協約の不利益変更

もう一つの判決の事例は、ある損害保険会社が別会社を吸収合併した後、長年にわたって労働条件の統一化を徐々に進めてきたというケースです。統一化のために最後に残った労働条件が定年と退職金でした。そして、ついにこれらも統一されることになり、社員の定年は63歳から57歳に引き下げられ、退職金の支給基準も大幅に引き下げられることになりました。会社はこの変更を労働組合と団体交渉したうえで労働協約を締結して決めたのですが、この変更後まもなく退職した社員が、自分にはこの労働協約は適用されないとして訴訟を起こしました。

この社員は、この労働協約が締結された時点では労働組合の組合員でした。組合員であれば労働組合の締結した労働協約に拘束されるのは当然のことといえます（労働協約が組合員を拘束する効力を「規範的効力」といいます）。ただ組合員は、労働組合がどんな労働協約を締結しても拘束されるのかというと、そこまではいえないとされています。すなわち最高裁判所は、労働協約が特定の組合員または一部の組合員をことさらに不利益に取り扱うことを目的として締結されたような場合には、組合員に規範的効力は発生しない、と述べています。ただしこの合併のケースではそういう事情は認められないとして規範的効力の発生を認め、この元組合員の訴えを退けています。

買収された後はどうなる?

以上のように、合併があっても雇用は保障されますが、後から、労働条件の統一化にともなう不利益変更は起こりうるのです。そして、就業規則の改訂であれ、労働協約の改訂であれ、労働条件の不利益変更が無制限に認められるわけではありませんが、それが相当な範囲のものであれば有効とされる可能性は高いのです。

では、会社が買収されて経営者の交替などが起きた場合はどうでしょうか。買収とは、通常は、ある株主が株式を大量に取得して、経営を支配することを意味します。これにより会社の雰囲気がガラッと変わったり、社風が変わってしまったりする可能性がありま す。もちろん、それだけでは就業規則や労働協約が失効するわけではありませんから、社員の従来の労働条件は保障されます。ただ、やはりこの場合でも、後から、会社が就業規則や労働協約の不利益変更をしてくる可能性はあります。そのときには、前述したルールに基づき不利益変更の拘束力の有無が判定されます。経営状況が実際に悪化しているような場合には、社員は、ある程度の労働条件の不利益変更は覚悟しなければならないでしょう。

補講⑧ 事業譲渡

会社組織の再編に関連して現在重要な法的問題となっているのは、事業（営業）譲渡です。

A社が不採算部門を切り離して、子会社のB社に譲渡し、それにともない、その部門で働いていた社員もすべてB社に転籍させたとしましょう。B社の経営状況が良ければともかく、悪ければ社員の将来は暗いものとなります。ただ、社員はB社への転籍について拒否する権利があるので、転籍がいやならA社に残ることができます（補講⑤を参照してください）。

問題は、A社が優良な部門を切り離してC社に譲渡し、そこに転籍する社員を選別した場合です。A社は優良部門がなくなったので、労働条件の不利益変更や倒産・解散の危険が高まります。しかし、選別から漏れてしまった社員はA社に残らなければなりません。社員には転籍を拒否する権利はありますが、転籍を求める権利はないからです。

C社の提示する従来よりも低い労働条件を受け入れた者のみ転籍させるということが行われることもあります。これは、実際上は労働条件の不利益変更の強制です。ただC社への転籍は、法的にはC社での新規採用と同じこととなります。その提示する労働条件を受け入れるかどうかは社員の自由であり、これを受け入れずに採用されなくても社員からは文句をいえないのです。

事業譲渡のなかには、まさに一部の社員を辞めさせることをねらいとして行われたとみられるものがあります。譲渡会社と譲受会社とが結託していることもあります。社員が転籍対象とされなかったことにより不当な不利益を受けた場合には、なんとか救済をする必要があるという意見も根強くあります。この問題は法的には未解決なのですが、今後、明確な法的ルールを構築していく必要があるでしょう。

9講　上司に言われていた仕事が勤務時間内に終わらずに残業しました。こういうときでも残業手当をもらえますか？

よりによってこんな日に……

つきあい始めて半年のA君とB子さん。今年は、二人にとって初めてのイブです。A君は12月のボーナスをあてこんで六本木の東京ミッドタウンの高級ホテルを3カ月前から予約。ディナーは西麻布のイタリアン。渾身のデートプランです。

ただA君には気がかりなことがあります。イブは金曜日。しかも前日が天皇誕生日なので、休み明けはどうしても忙しくなります。ディナーの予約は19時としたのですが、間に合うかどうか心配なのです。

A君にとっての頭痛の種は上司のC課長です。課長は部下の面倒みもよく、人間としては尊敬できる人なのですが、なんといっても猛烈な仕事人間なのです。「イブのデートのため」なんて言っても、特別な配慮をしてくれる人ではありません。

入社3年目のA君は、まだC課長から指示される仕事をこなすのに追われていて、自分で仕事をコントロールできる立場にありません。イブの1カ月くらい前から、課長の印象がよくなるようにできるだけきっちりと仕事をし、長時間の残業もいとわずにやってきました。イブの当日、少しでも仕事をしなくてもすむようにと願いながら。

そして当日。A君は昼の2時ごろに課長に会計書類をわたされて、今日中にその数字のチェックをするよう命じられました。これくらいだったら残業しなくても終わるだろうと思い、実際になんとか4時ごろには完成してC課長に渡しました。ところが1時間後、課長が機嫌の悪そうな顔をして、A君のところにやってきて言いました。「チェックミスがいっぱいあるよ。今日中にもう一度全部見直すように」。

A君のいる会社の就業規則によると、始業時刻は9時、休憩時間が12時から13時、終業時刻は18時となっていました。つまり、夜の6時を超えると残業となるのです。残業手当をもらうためには、上司の許可を得たうえで会社に申請する必要があります。しかしC課長の場合、社員本人がその日の仕事をこなすことができなかったために残業になったときには、その仕事が終わるまでは会社にずっと残らせたうえで、残業申請も認めようとしませんでした。残業申請を認めるのは、C課長がはっきりと追加の仕事を命じて残業させたときだけでした。

A君はやむをえず、レストランの予約をキャンセルし、B子さんにもそのことを連絡しました。結局、仕事から解放されたのは21時。残業手当の申請もしませんでした。申請しても課長が認めてくれないことは、はじめからわかっていたからです。

こうして、A君が綿密に練っていたデートプランはすっかり狂ってしまいました。B子さんがご機嫌ななめだったのは言うまでもありません。

時間外労働とは

A君の部署での労働時間に関する取扱いには、法的にみて気になるところがあります。それは、課長がはっきりと残業を命じたとき以外は、18時を超えて働いても残業代がつかないという点です。それともう一つ、本人の仕事が終わらなければ18時以降も引き続き仕事をするのが社員の当然の義務とされている点です。

まず、基本的なことから確認していきましょう。労働基準法は、1日の労働時間の上限を休憩時間を除き8時間としています（さらに1週間の労働時間の上限を休憩時間を除き40時間としています）。8時間を超えた場合、その超えた時間の労働を「時間外労働」といいます。時間外労働に対しては会社は「割増賃金」を支払わなければなりません。割増率は25パーセント以上とされています。

A君がもし朝9時から働いていて、夜6時を超えても働くということになると、休憩時間の1時間を除いても8時間を超えて労働をしたことになるので、法律上、「割増賃金」をもらう権利があります。「割増賃金」は、残業手当とか時間外手当とか、その名称は何でもよいのですが、とにかく会社は、給料を25パーセント以上上乗せして支払わなければならないのです。実際の雇用社会では、時間外労働をした社員に何も追加して支払いをしないという「サービス残業」が横行していると聞きます。しかし、これは違法行為です。故意にこのようなことをやれば会社も労働時間管理の責任者も罰則の適用を受けることがあるので要注意です。

法律上の労働時間の上限は1日8時間（かつ1週間40時間）である以上、会社は原則として、それを超える労働（時間外労働）をさせることはできません。「割増賃金」を払えばどれだけ残業させてもよい、というのではないのです。ただし、労働基準法は、この原則に例外も設けています。すなわち、会社が、労働者側の代表（その事業場の過半数の労働者で組織している労働組合か、そういう労働組合がない場合には過半数の労働者によって選ばれた代表者）と「三六《さぶろく》協定」（労働基準法36条に規定されている協定なのでこのように呼ばれます）という書面協定を結んで、それを労働基準監督署長に届け出ていれば、その三六協定で定めた範囲内で時間外労働をさせることが許されるのです。

でも、これは時間外労働をさせることが法律上ＯＫとなるというだけです。三六協定があるというだけでは、会社は残業命令を出せるわけではありません。会社が適法に残業命令を出すためには、さらに、どのような場合に残業をさせるのかということを定めた規定（通常は就業規則上の規定）が設けられていることが必要なのです。残業命令はこの規定に基づいて出されてはじめて適法となるのです。

複雑なので、ここでもう一度整理しておきましょう。会社が社員に残業を適法に命じるためには、まず残業命令を出すための根拠規定が必要です（なお本人が残業に同意した場合には、それも根拠となります）。それに加えて、残業命令により1日の労働時間が8時間を超える場合（または1週間の労働時間が40時間を超える場合）には、法律上の制約がかかってきます。それが、三六協定の締結であり、また25パーセント以上の「割増賃金」の支払いなのです。

労働時間とは何か

それでは、C課長のやっているように、終業時刻までに仕事が終了しないのは本人の責任だから残業扱いにしないということは法的に許されるのでしょうか。この点は、労働時間とは、どういう時間を指すのかという根本問題にかかわっています。法律上「労働時間」の定義はないのですが、裁判所は会社の「指揮命令下」にある時間がこれにあたると述べています。しかし、どういうときに指揮命令下にあるかは、必ずしも明確ではありません。とくに本来の仕事をしていないとき、それが労働時間といえるのかどうかは微妙な判断となります。

① D君はコンビニの店員で副店長を任されています。コンビニは24時間営業で、勤務はシフト制。D君は普通は早番で、勤務時間は朝4時から昼1時まで（11時から12時までは休憩時間）。中番の店員と昼1時で交替しますが、実際には仕事の引き継ぎが少しあって、帰れるのは2時くらいになってしまいます。勤務時間（8時間勤務）の終了後の引き継ぎの時間は残業扱いとなっていません。

② E子さんは小さな町工場の経理の事務をしています。E子さんの勤務時間は8時半

からなのですが、勤務時間前に工員さんと一緒に朝礼に出て社長の朝の挨拶を聞き、それからラジオ体操をしています。そのため、実際には8時には会社に来なければなりません。E子さんの勤務時間の終わりは17時半（昼休みは1時間）なので、昼休みを除いても8時間半は会社にいることになります。

③　F夫さんは倉庫会社で荷物の受け渡しの作業をしています。会社に来るとまず更衣室で作業着に着替えます。勤務時間終了後も更衣室で着替えてから帰ります。勤務時間は9時〜17時で休憩時間は12時15分から13時です。更衣室で着替えている時間は、作業の前後合わせて20分くらい。F夫さんは定時に帰るときには残業手当をもらっていません。

④　G子さんは町の小さな本屋の店員をしています。G子さんの勤務時間は9時半から18時までで、12時から13時までが昼休みです。昼休み中はお弁当を食べていたり、携帯メールをしたり自由にしていてよいのですが、店の中に残っている必要はあり、お客さんがレジに来れば対応もしなければなりません。

グレーゾーン

以上に挙げたケースでは、仕事をしているようでしていないようなグレーゾーンの時間帯があります。これらが法的に労働時間といえるかどうかについては必ずしも明確ではありません。ただ、本来の仕事との関連性が強かったり、会社から実際上強制されているというような場合には、会社の「指揮命令下」にある（それゆえ労働時間である）と判断されやすくなります。そこで、それぞれのケースについて、みてみましょう。

まずD君の場合、仕事の引継ぎは通常は労働時間とカウントされます。それはD君の本来の仕事と密接に関係していて仕事の延長といえるからです。なお朝4時から5時までの労働については深夜労働（夜10時から朝5時までの時間帯において行う労働）に該当するので、会社は25パーセント以上の割増賃金を支払わなければなりません。

E子さんの場合、朝礼やラジオ体操は仕事そのものではありません。しかし、実際上は会社に強制されたものなので、仕事と強い関連性をもっているといえるでしょう。したがって、これも労働時間とカウントしてよいでしょう。

F夫さんの場合はやや微妙です。単に更衣室での着替えをするだけであれば、労働時間とカウントされないでしょう。しかし会社によって所定の作業着の着用が義務づけられている場合もあります。安全帽や安全靴などの保護具の装着が命じられている場合もあります。このように会社に義務づけられている更衣をする場合には、それに要する時間は労働時間とカウントされます。ただしF夫さんの場合、会社の勤務時間は休憩時間を除くと、7時間15分です（休憩時間が45分しかないことが気になりますが、法律上は1日の労働時間が8時間以下の場合には休憩時間は45分でよいのです）。この場合、更衣の時間20分がかりに労働時間とされても、F夫さんの労働時間は8時間を超えないので、法律上は、会社は「割増賃金」を支払う必要はありません。

G子さんの場合、この休憩時間は法的には労働時間となります。労働から完全に解放されていないからです（休憩時間については、労働基準法上「自由利用の原則」が定められています）。現実に作業をしている時間は短くても、何かあれば作業をしなければならない時間を「手待ち時間」といいます。これが労働時間に該当することには異論がありません。

黙示の残業命令

ではA君の場合はどうでしょうか。C課長は終業時刻までには終わらない仕事をさせています。たしかに課長は正式には残業命令を出していないのですが、法的には「黙示的に」残業命令を出したとみることができます。A君の会社には、就業規則において「業務上の必要がある場合には終業時刻を超えて労働をさせることがある」という規定がありました。これは、残業命令についての根拠規定となります。したがって課長の残業命令が違法ということにはなりません。

問題は、残業手当です。黙示的であれ残業命令を出して仕事をさせている以上、それがかりにA君の仕事の遅さに原因があろうとも、会社の「指揮命令下」にあることは明らかです。したがって、A君の18時から21時までの残業時間は、法的には労働時間であり、しかもそれが1日8時間を超えている以上、時間外労働として取り扱われなければならないのです。つまり会社は「割増賃金」を支払わなければならないのです。そうしなければ「サービス残業」として違法となります（もし「三六協定」が締結されていなければ、その点でも違法となります）。

補講⑨　残業手当が支払われない人

現在の法律の下でも、会社が「割増賃金」を支払わなくてよいタイプの社員がいます。

一つは、裁量労働制の適用を受けている社員です。裁量労働制とは、業務の性質上、その遂行方法を社員の大幅な裁量にゆだねている場合（裁量労働）において、労働時間を実労働時間ではなく、労使で決めた時間とみなしてしまうというものです（「みなし労働時間」制）。労使は通常8時間以内と決めるので、そうすると実労働時間が8時間を超えていても、「時間外労働」は発生せず、会社は「割増賃金」の支払いをする必要がなくなります。

裁量労働制には二つのタイプがあります。一つは大学教授、弁護士、公認会計士などに対して適用可能な「専門業務型」裁量労働制です。もう一つは事業運営に関する企画、立案、調査、分析の業務を行う社員に対して適用可能な「企画業務型」裁量労働制です。後者は導入要件が厳格であり、あまり利用されていないと言われています。こうしたことから「ホワイトカラー・エグゼンプション」（一定のホワイトカラー層に対して労働時間規制を適用しないという制度）を導入すべきという意見が経済界を中心に強く出されています。

会社が「割増賃金」を支払わなくてよいもう一つのタイプは「管理監督者」と呼ばれる社員です。「管理監督者」になると労働時間に関する法律上の規定が適用されなくなるので「時間外労働」じたいが存在しないことになります。会社の中には、この制度を悪用して、仕事の実態はヒラ社員と変わらないのに、係長という肩書きだけをつけて「名ばかり管理監督者」としてしまい、「割増賃金」を払わないというところもあります。

法律には、どういう人が「管理監督者」であるかということが明確にされていませんが、裁判例や行政通達ではある程度基準を明らかにしています。①人事管理等について経営者と一体的な立場にたち最終的な決定権限をもっていること、②労働時間の管理を受けていないこと、③その地位にふさわしい処遇を受けていること、という要素がすべて考慮されるのです。これはかなり厳しい基準です。肩書きだけを係長や課長にしても、①~③の基準に合致しなければ「管理監督者」には該当しないのです。裁判で争われたケースでも、ほとんど「管理監督者」性が否定されています。最近でも有名なハンバーガーチェーンの店長の「管理監督者」性を否定する判決が出て話題になりました。

会社は、安易に通常の社員を「管理監督者」として扱って残業代をケチっていると、後で残業代をまとめて請求されることになるので要注意です。

10講　半年の試用期間で「採用失敗」が明らかになった新入社員がいます。会社は彼を本採用することを拒否してよいのでしょうか？

「お試し期間」

われわれは、ある人と長期的な関係を築こうとするとき、最初は慎重になると思います。英会話学校に入会するときも、最初に前金として受講料半年分を支払わなければならないということになると、6カ月間以上はその学校に通い続けなければ元が取れないので慎重になるでしょう。1カ月だけの体験入学とかがあれば、とりあえず試しに入会してみて、その後に本格的に入会するかどうかを決定することができます。こういうことができると、最初に入会するかどうかの決断をするうえでの心理的なハードルが低くなります。

では、雇用関係においては、こうした「お試し期間」を設けることはできるのでしょうか。正社員の雇用関係は、まさに長期的な関係が予定されているものです。会社としても社員としても、長いつきあいができそうかどうかを慎重に判断したいと考えるのは当然のことです。とりわけ会社は、いったん社員を雇ってしまうと、簡単には解雇できないので、慎重になるでしょう。そこで、多くの会社では「試用期間」というものを設けています。これは文字どおり、試しに労働者を使用してみる期間です（法律上は、「試《こころみ》の使用期間」という言葉が用いられています）。

では会社は、労働者を試してみて、ダメなら本採用をしないというようなことが許されるのでしょうか。

困った新入社員たち

試用期間とは、労働者の能力や適格性を判定する期間です。会社が能力や適格性がないと判断すれば、その労働者は本採用されないことになります。とはいえ、会社の判断による本採用拒否が常に認められるわけではありません。

大学卒業後、しばらく司法試験の受験をしてきたが、ついに断念して法律関係の出版社に勤めようと考えて入社してきた28歳のA君。彼は十分な社会勉強をしていなかったためか、言葉遣いがなっていません。「編集長の申すことは私には納得できません」と偉そうに言うわりには、敬語を誤って使っていたり、顧客との電話の応対で、「そんなこと言っているようじゃダメじゃない」とタメ口をきいたりする始末です。朝が弱いと言って遅刻も頻繁。編集長はA君に注意をしたものの、3カ月の試用期間中こうした状況は改善されませんでした。編集長はこういう社会人としての基本的な素養がない人は、とても社員として本採用できないと考えています。

中途採用のB子さんは経理課の事務員として採用されました。以前に同じような仕事をした経験がありましたが、病気で退職していました。1カ月の試用期間の間、B子さんは仕事はよくできて、上司からの評価も高かったのですが、少し問題がありました。他人とのコミュニケーションがうまくとれないのです。同じ部署の社員がたまたま手がいっぱいで仕事が滞っているときにサポートを求めても、私は自分の仕事しかしません、と答える始末です。経理課長は、日本の会社では協調性が大事なので、いくら仕事がよくできても使いづらいB子さんは本採用はしないほうがよいと考えています。

大学新卒のC君は大学時代は運動部でがんばり、ガッツ、体力、情熱をかわれて入社しました。人柄もよくみんなの人気者です。ところがC君は、どうも細かい作業が苦手です。営業課に配属されてセールスに出るときはいいのですが、6カ月の試用期間の間、報告書や顧客向けの文書の作成では誤字だらけ。見積もり表もいつも計算間違い。上司から受けた指示もよく勘違いしてミス多発。営業課長は「Cは良い奴だけど、これではとても社員として使えないな」と考えています。

本採用拒否は難しい

A君、B子さん、C君はいずれも正社員候補として採用されていました。もし会社が上司の判断を受け入れて本採用をしなかったとき、これは法的に許されるでしょうか。この点を考えるうえでは、そもそも試用期間というのは、法的にみてどのようなものかを理解しておく必要があるでしょう。

たとえば、本当の労働契約関係は、本採用後から始まるのであり、試用期間は仮契約のようなものだという考え方もあります。そうすると試用期間の満了時点で、本採用をしないという判断は自由にできることになります。試用期間が「お試し期間」だとすると、このように考えなければ「お試し」にならないでしょう。

しかし裁判所はこのようには考えませんでした。「試用期間」の段階から正式な労働契約関係がすでに始まっているというのです。そのため試用期間に入った後の本採用拒否は、正式に労働契約を締結するということを拒否するのではなく（契約締結の拒否であれば会社には広い裁量が保障されています）、採用後の解雇にほかならないというのです。解雇ですから正当な理由が必要となってきます。

ただ、裁判所も、試用期間の性格づけについては、悩みをみせています。まず、正社員は将来、管理職として会社を支える存在となるので、その適格性について会社が所定の調査をする必要があることは認めています。試用期間とは、このような適格性の判定についての最終的な決定をするための調査・観察期間なのです。こうした観点から、通常の解雇よりはゆるやかな基準で解雇が認められます。

しかし同時に裁判所は、試用期間付きとはいえ、いったん特定の会社と雇用関係に入った以上、その社員が他の会社への就職の機会と可能性を放棄したという事情にも配慮すべきとします。そして結論として、会社が採用決定後における調査の結果や試用期間中の勤務状態などにより、当初知ることができなかったような事実が明らかになって、そのためにその者を引き続き雇用しておくことが適当でないと認められるような場合にのみ解雇（本採用の拒否）をすることができるとしました。これは、かなり厳格な基準といえるでしょう。

この基準をA君たちのケースにあてはめるとどうなるでしょうか。まずC君のような新卒の場合、能力の足りないことは会社はある程度想定しておくべきでしょう。能力不足は社内での訓練により改善していけばよいとされる可能性は大です。

A君も年齢は少しいっていますが、新卒に近いような立場です。言葉遣いなどは社会人として問題がないとはいえませんが、解雇するほどかと言われると疑問符が付きます。社会人としての基本も、会社のほうで身につけさせるべきだというのが一般的な考え方でしょう。

B子さんは中途採用ですので少し事情は異なります。しかしながら、仕事の能力があるのに協調性がないという理由で否定的な評価をするのは、社会通念上相当とはいえないでしょう。このようにみると、A君たち3人についてはいずれも解雇（本採用の拒否）は難しいと思います。

しかし、これでは会社としては、試用期間の意味がないということになるでしょう。会社はいったい、どうしたら社員を試すことができるのでしょうか。一つ考えられるのは、その社員をまず期間を定めて雇ってみることでしょうが、これもそれほど簡単ではありません。ある高校で社会科の教員を期間1年の契約で常勤講師として雇い入れました。学校側は当初、期間満了後も1年間の勤務状態をみて再契約をするかどうかの判断をすると言っていました。そして1年後に学校側は契約を更新しないと言いました。

本来、期間の定めのある雇用が、期間が満了したときに終了するのは当然のことです。ところが裁判所は驚くような判断をしました。雇用契約に期間を設けた場合に、その趣旨や目的が労働者の適性を評価・判断するためのものであれば、特別な合意がないかぎり、その期間は試用期間であると解釈すべきと述べたのです。試用期間となると、先ほど紹介した裁判所の示したルールにより、契約の終了（解雇）には正当な理由が必要ということになります。つまり適性がないという理由で簡単に雇用を打ち切ることはできないわけです。

試用期間となってしまうと、実際上は1年契約で雇った人を、長期的な雇用を前提とする正社員として雇ったのと変わらなくなってしまいます。

試せなければどうなるか

このように、会社が、採用において本当の意味での「お試し期間」を設けることは、現在の法的なルールの下では、かなり難しい状況です。しかし、試すことができないとなると、会社としては困ってしまいます。では、どのように対処するのでしょうか。たとえば、有名大学卒の学生とか、すでにきちんと職歴のある人とか、そういう本人の外形的な情報から採用する労働者を選抜しようとするでしょう。ただ、現実には、目立った学歴や職歴のない人の中にも優秀な人材が埋もれているはずです。会社としては、そのような人を発掘しようとするのはリスキーなことですが、「お試し期間」があれば、あえてリスクを冒してでも採用してみることができるのです。

もし「お試し期間」があれば、良い学歴や職歴がないなど、外形的な情報では採用に不利となりがちな人（とくに若者）に雇用機会が増える可能性があるのです。もちろん、このようなメリットがある反面、デメリットもあります。本当の意味での「お試し期間」となると、若者が会社に使い捨てにされるだけに終わるという懸念もあるからです。

解雇の規制が厳格なドイツやイタリアでも、最初の6カ月は解雇は自由です。これは、採用後の最初の6カ月間は「お試し期間」であるということを意味しています。日本でもそろそろ、「お試し期間」のメリットとデメリットをよく考慮しながら、その導入を検討してみる必要があるのではないでしょうか。

補講⑩　内定を取り消すとどうなる？

試用期間はできる社員とできない社員のふるいわけを行うための期間ですが、最初からできる社員になると分かっていれば、採用前から会社間で取り合いが起こります。

大学生も3年生の後期にもなると「就職活動（シューカツ）」を意識し始めます。そして会社は、欲しい人材となれば、その学生の卒業を待たずにキープしようとします。しかし、キープといってもウイスキーのボトルではなく相手は人間なので、物理的にこれを行うことは難しいところです。そこで会社は、内定という手段をとることになります。大学の最終年度の10月になると、会社は翌年度に入社予定の学生に正式な内定を与えます。これによって会社と学生との間には一定の拘束関係が発生することになります。

内定は、結婚でいえば婚約であり、内定式は結納の儀式のようなものです。では法的にみて、内定はどのような関係を発生させるのでしょうか。

婚約の場合の破棄は、破棄したほうが賠償責任を負うことはありますが、破棄が不当として、実際に婚姻しなければならない、という責任まで負わされることはありません。要するに、金によって解決できます。

では内定はどうでしょうか。裁判所は、学生が会社による募集に応募する行為は、労働契約の申込みであり、会社が内定を出すというのは、その申込みに対する承諾であると述べています。この意味は、内定によって、労働契約が成立するということです。労働契約が成立するといっても、実際に働き始めるのは翌年の4月に入社してからなのですが、法的な契約関係は内定の段階ですでに発生しているというのです。労働契約が成立してしまうと、会社による内定の取消は解雇にほかなりません。そのため、内定取消についても、正当な理由が必要となってきます。正当な理由がなければ、会社は内定を取り消すことはできず、その学生を入社させなければなりません。この点が婚約との違いです。

他方、学生からの内定の辞退は、原則として自由です。というのは、労働契約は、労働者のほうから辞職するのは、2週間前に予告さえしておけば自由となっているからです。ただ、内定の辞退も、そのやり方によっては、学生が損害賠償責任を負わなければならないこともあります。内定を複数もらっておいて、3月の土壇場で希望しない会社の内定を辞退するというような信義に反することはしないほうが賢明でしょう。

11講

「仕事の話」を口実に上司から夕食にしつこく誘われています。これってセクハラではないですか？

セクハラは不公平？

たいへん言いにくいことですが、実は男性の多くは、セクハラって、たいへん不公平なことだと思っているのです。女性社員に「髪型変わった？　前よりも素敵だね」と、中年の禿げた佐川課長が言えば「それってセクハラですよ」となるし、イケメンの只野係長がアフターファイブに同じことを言えば、感激して舞い上がってしまうのです。中年のおやじにとっては、これは納得ゆかないことです。

われら中年おやじ族にとって不安なのは、自分の言動がいつ女性側から「セクハラ」って言われてしまうか予測がつかないことです。以下、四つほどケースを挙げてみましたが、さて、これはセクハラと言えるかどうか。みなさんも一緒に考えてみてください。

①佐藤ゆかり似社員のケース

日頃から妙にパーソナル・スペースが小さいのは、入社6年目で仕事もよくできる佐藤ゆかり似の社員。仕事の話をするときも、息がかかるような距離で、目をしっかり見つめながら。少し考えこむときの物憂げな表情もなんだか色っぽい。ひょっとして俺に気があるのかもと思った佐川課長、新年会の帰りに一緒になったときに「二人で二次会に行かない?」と誘ってみました。「いいわよ。私ももう少し飲みたかったの」。高級バーで寄り添うように飲む二人。ゆかりさんはカクテルを飲みながら、目が少しトロンとしてくる。そろそろ終電が近いけど、帰ろうとする気配なし。これはひょっとしてと思いながら、「今夜、どこかに泊まっていく?」と尋ねると、「課長、ご冗談でしょ。ちゃんと、奥さんのいるところに帰らなくちゃダメよ」と切り返されます。「いや、今日は仕事で遅くなると言ってるんだ」「ダメよ。私はこうしてお話をしているのが好きなの」「それじゃ、ホテルでゆっくり話をしようか」「課長、しつこいのはダメですよ」と、軽いお説教調。そろそろ危険信号なのに、酔いが回った佐川課長は理性が鈍化。さらなる誘いを続けると、穏やかな口調ながら、ピシッと「課長、これ以上はセクハラですよ」。それから立ち上がって、ニコリとしながら「彼と別れたばかりで今夜は少しむしゃくしゃしていたの。課長に付き合ってもらえて気分転換ができたわ。ありがとうございました」と言って、携帯で呼んだタクシーに乗って帰っていきました。

②杉本彩似社員のケース

入社10年目でバツイチだが、仕事もそこそこできる杉本彩似の社員。退職者の送別会の席。彩さんは胸元が広くあいた艶やかな服で佐川課長の前に座る。他の男性社員の目も釘付けにして、ちょっとした女王さまノリ。興が乗ってきたころ、彩さんの服の話題に。「そんな胸元のあいた服を着てくれれば目のやり場に困っちゃうな」「あら、課長に見つめていただくほどのモノではありませんわよ」「いやいや立派なものだよ。Fカップはあるだろ」「ご冗談を。Dカップですわ」。会話が、だんだんエロトークに。盛り上がっているのは佐川課長と彩さんと男性社員たちだけで、周りの若い女性社員はドン引き状態です。彩さんがトイレに立ったところで、女王様に遠慮して黙っていた後輩の女性社員たちが次々と、「佐川課長、デレッとしていてみっともない」「鼻の下が伸びてますよ」「そんなに胸の話をしたいのなら二人だけでやってください」と集中攻撃を繰り出しました。そしてダメ押しに、「こんな話を聞かされるなんてセクハラです」。佐川課長は酔いからさめてすっかり凹んでしまいました。

③森三中大島似社員のケース

入社3年目で愛嬌のあるぽっちゃり型の大島（森三中）似の社員。性格がよく、みんなに愛されるキャラ。彼女が同じ課の男性社員と熱愛しているとの噂。課の者はみんな二人の恋愛を応援するムード。課の雰囲気もよくなるし、大島さんもどんどん綺麗になっていく。社内結婚は最近はあまりなかったので、二人が結ばれればよいなと期待していた佐川課長。ところが、あともう少しで婚約というところで男性側の浮気が発覚し二人は破局に。大島さんは社内では何もなかったかのように振る舞うも、心なしか頬もこけてきて、失恋のショックはありあり。だがそのうちに元彼が別の部署に異動となり、時間の経過とともに徐々に以前の明るさを取り戻してきました。

安心した佐川課長は、「大島さん。最近は元気そうだね。前のようにふっくらしてきたし、体重も戻ったようだね」。励ますつもりで声をかけた不用意な一言に、大島さんは一瞬、顔色を変えました。でも、すぐにいつもの愛くるしいキャラに戻りながら、落ち着いた声で「課長、最後の言葉はNGですよ。私、傷ついてしまいました。私だって女なんですよ」。大島さんが「セクハラ」という言葉を飲み込んで冷静に抗議したために、かえって佐川課長の自責の念は強まってしまいました。

④加藤あい似社員のケース

先週配属された派遣社員は、学生の雰囲気がまだ抜けきっていない加藤あい似の子。正社員にはない初々しさが、なんとも新鮮。どことなく自信なげで頼りない感じがするが、すぐに自分に頼ってくるので、それで男心（父性本能？）をくすぐられてしまった佐川課長。

職場になじんだころ、派遣期間の1年が終わろうとする。名残惜しい気分になるなか、「これまでお世話になったお礼に夕食でもごちそうするよ」と声をかけてみると、喜んで承諾してくれました。

その翌日、二人は佐川課長の行きつけのイタリアン・レストランでフルコース。あいちゃんは、「私、きちんとしたレストランでワインを飲むの初めてなんです」などと言いながら、けっこうぐいぐい飲んでいる。そして課長は、ついに禁断の言葉を口走ってしまう。「もし君さえよければ、派遣期間を延長してあげるよ」「本当？　そんなことしてもらってもいいんですか」「大丈夫さ。僕に任せておきな。今夜はゆっくりしようか」「帰りたくないわ」

こうして男女の関係になった二人。でも佐川課長には、派遣社員の派遣期間を決定する権限なんてありませんでした。あいちゃんは最初の就職に失敗し、当面は派遣社員としてやっていくしかないので、生活のために佐川課長に身をゆだねたのです。自分の派遣期間が延長されないことを知ると、泣きながら課長を詰問しました。「私を騙したのね」「派遣期間の延長なんて、そう簡単にできないよ」「私は課長を信じたのよ。課長のやったことってセクハラよね」「おいおい大げさなことを言うなよ。僕は君のことを愛しているんだよ。生活のことは僕に任せておきな」「最初から愛人にするつもりだったのね」。こうして二人の関係は泥沼に。

ところで、セクハラって何？

法的にはセクハラはどのように定義されているのでしょうか。まず知っておいてもらいたいのは、法律のどこにも「セクハラ」あるいは「セクシュアル・ハラスメント」などという言葉がないことです。だからといって、セクハラが法律上許されているわけではありません。

「セクハラ」という言葉が人口に膾炙《かいしゃ》する前から、セクハラに相当する行為には、明らかに法的に処罰の対象となるものも含まれていました。たとえばレイプにあたるような場合には強姦罪が、強制的に女性の身体を触るようなことがあれば強制わいせつ罪が成立します。このような性犯罪にまで至っていないとしても、暴力などを伴なっていれば暴行罪に、ケガをさせれば傷害罪に該当します。厳密にいえば、これらは「セクハラ」の範疇を超える犯罪行為そのものであり、ほんとうは「セクハラ」の概念から除外して論じるのが適当かもしれません。

「セクハラ」と世間で呼ばれているもののほとんどは、犯罪行為には該当しないが女性に著しい不快感を与えるというタイプのものです。こうしたセクハラをした社員は、会社の規律を著しく乱したとして懲戒処分の対象となることがありますし、また社員（あるいは管理者）としての適格性に欠けるという理由で解雇されることもあります。

男女雇用機会均等法の定める二つのセクハラ

男女雇用機会均等法（雇用の分野における男女の均等な機会及び待遇の確保等に関す

る法律）によると、セクハラには二つのタイプがあります。一つ目が、「職場において行われる性的な言動に対するその雇用する労働者の対応により当該労働者がその労働条件につき不利益を受けるもの」というタイプです。これを「対価型セクハラ」といいます。厚生労働省が作成したガイドラインによると、「事務所内において事業主が労働者に対して性的な関係を要求したが、拒否されたため、当該労働者を解雇すること」という例が、このタイプにあたります。職権濫用型と言ってもよいものです。

もう一つが、「職場において行われる労働者の意に反する性的な言動により労働者の就業環境が不快なものとなったため、能力の発揮に重大な悪影響が生じる等当該労働者が就業する上で看過できない程度の支障が生じること」というタイプです。これを「環境型セクハラ」といいます。同じガイドラインによると、「事務所内において上司が労働者の腰、胸等に度々触ったため、当該労働者が苦痛に感じてその就業意欲が低下しているること」という例が、このタイプにあたります。会社はこれらのセクハラがあった場合には、適切に対応するために必要な措置を講じなければなりません。加害者たる社員に相当な処分（懲戒や解雇）を課すことも、このような措置の中に含まれます。

佐川課長の言動は？

先に見た佐川課長の言動は、そのどこまでが処分の対象となるのでしょうか。ゆかりさんに対するものは、たんに口説きに失敗したというだけで、これだけならセクハラにはあたりません。ただ、佐川課長が部下を査定する権限をもっていて、自分の誘いを断ったら査定を低くするよというようなことを言っていれば、職権濫用ですから、対価型セクハラとして処分の対象となる可能性がでてきます。また、やんわり断っているゆかりさんに、何度もしつこく夕食に誘うというようなことをすると、環境型セクハラとなる可能性がでてきます。

彩さんの周りにいた女性に対するものは、環境型セクハラになる可能性があります。ただ問題は、これが酒席での出来事であるという点です。取引先との打ち合わせのための飲食の場であれば「職場」とみなされますが、参加が任意の送別会ということになると「職場」といえるかどうかは微妙です。「職場」でないときには会社の責任はなくなります。彩さんとのちょっとしたエロトークにとどまっていれば、周りの女性に性的な不快感を与えたとしても、それだけで佐川課長を処分することは困難でしょう。

大島さんへの発言も、環境型セクハラとなる場合がありえます。たとえば、大島さんが佐川課長の発言に著しくショックを受けて、就業意欲を失ってしまったような場合です。ただ、悪意なく発した一回だけの発言程度であれば、これを理由に処分をすることは難しいでしょう。

あいさんのような派遣社員は、派遣元の人材会社の社員ですが、そのときでも自社の社員と同様、セクハラ行為をすることは許されません。とはいえ、あいさんへの行為は、厳密に言うと、対価型セクハラとは言い難いところがあります。佐川課長自身が、あいさんの労働条件について不利益を与えたとはいえないからです。ただ、あいさんへの行為が詐欺的なものであるとなると、セクハラかどうかはともかく、不法行為として、あいさんから慰謝料の請求がなされる可能性は残ります。

「セクハラ」と言われないために

犯罪に該当するようなセクハラ行為を除くと、セクハラに該当するかどうかの基準は明確なものではありません。実際には、セクハラの成立は、女性側が不快感をもつかどうかがポイントとなり、それは行為の客観的な性質ではなく、誰がその行為をしたかということが重要となってくるので、やはり男性には不公平感が残るのかもしれません（なお、セクハラは女性から男性に対して行うものもあり、男女雇用機会均等法は２００７年以降、男性が被害者となるセクハラも規制の対象としています）。もちろん、女性が不快感をもてば即セクハラになるというのは間違いです（この点はよく誤解されています）。女性側の主観面を考慮に入れながらも、その行為の内容が社会通念上許容される範囲を超えるかどうかが、男性側が処分の対象となるかどうかのポイントとなります。

現実には、セクハラとして処分されるのは、相当に悪質なものに限られるでしょう。ただ、それでも強調しておきたいのは、女性が不快にさえ思わなければ、何も問題は起こらないということです。極端にいえば、どんなに性的に下卑た言動であったとしても、女性が「キモい」と感じなければ、セクハラにはなりえないのです。

この当然のことを、実は、多くの男性は見落としているのかもしれません。要するに、日常のちょっとした気遣い、日頃からのコミュニケーション、女性にフレンドリーなキャラの形成といったことを心がけていたら、女性から「セクハラですよ！」と不意打ちをくらう危険性はぐっと減るのではないでしょうか。

補講⑪　職場のイジメ

本文で述べたのは、男女の認識ギャップから生じる、男性にとっては不意打ち的なセクハラに関するものです。しかし、セクハラには、特定の個人に対して意図的に行う、より悪質なものもあります。これは、「パワハラ」も含めた職場のイジメという一般的なハラスメント問題とも関係してきます。

こうしたイジメは、社員個人間の問題であり、会社には関係ないものと従来は考えられていました。しかし近年、会社には、職場の就労環境を良好に保持するよう配慮する義務があると述べる裁判例が増えています。実際、セクハラにより女性社員が退職せざるを得なくなったような場合や、職場の同僚のイジメにより社員が自殺した場合で会社の損害賠償責任を認めた例があります。最近では、上司の暴言により社員が自殺したケースで、裁判所がこれを「パワハラ」によるものとして労働災害と認めたケースが注目されています。

職場は、ともすれば閉鎖的で拘束性の高い場となり、職員間に過度にストレスがたまりやすくなりますが、会社のトップに立つ者の意識いかんで、イジメやハラスメントのない快適な職場はいくらでも実現可能だと思います。

12講　過労自殺した同僚がいます。遺族に最大の金銭的補償をしたいのですが、会社に要求できるのはどんなことですか？

電通裁判

過労による自殺については、有名な裁判例があります。A君は1990年に都内の私立大学を卒業し、大手広告代理店・電通に入社しましたが、入社2年目の夏、自殺してしまいました。A君の両親は会社に損害賠償を求めて訴えを起こし、結局、最高裁判所まで争われることになります。

裁判所の認定では、A君は「健康で、スポーツが得意であり、その性格は、明朗快活、素直で、責任感があり、また、物事に取り組むに当たっては、粘り強く、いわゆる完ぺき主義の傾向もあった」とされています。まさに模範的な青年だったのです。

ただ、あまりに模範的すぎたのかもしれません。A君の会社では勤務時間は午前9時半から午後5時半まで（休憩時間は正午から午後1時）で、休日は原則として週2日と

過労自殺したA君の労働時間

年月	申告残業時間数	深夜労働時間数	午前2時以降退勤の日数
1990年 7月	87	15	4
8月	78	12.5	5
9月	62.5	10	2
10月	70.5	6(13)	3
11月	66.5	10	5(1)
12月	62.5	12.5	6
1991年 1月	65	12(6)	10(3)
2月	85	20.5(8.5)	8(4)
3月	54	8	7(2)
4月	61.5	8	6(1)
5月	56	1(7)	5(1)
6月	57.5	3(11)	8(1)
7月	73	4(9)	12(8)
8月 ※この月の27日に自殺	48	4.5(3.5)	9(6)

なっていましたが、実際のA君の働きぶりは、尋常ならざるものがありました。上の表はA君が残業時間として申告した時間、そのうちの深夜労働（午後10時以降）の時間（括弧内はこのほかに休日に働いた労働時間数）、午前2時以降に退勤した日数（括弧内はそのうちの徹夜の日数）です。

この会社では、残業時間を過少に申告することが常態化していました。したがってA君は実際にはもっと働いていた可能性が高いのです。年次有給休暇も、１９９０年度は10日間取得できるはずだったのに、実際には0・5日しか取得していませんでした。1991年度も、亡くなった8月に初めて1日の休暇を取得しただけでした。

メランコリー親和型

A君の心身の不調は外見からも明らかになっていました。裁判所の認定によると、1991年7月ごろには、「業務遂行とそれによる睡眠不足の結果、心身共に疲労困ぱいした状態になって、業務遂行中、元気がなく、暗い感じで、うつうつとし、顔色が悪く、目の焦点も定まっていないことがあるようになった」とされています。直属の上司も、このころにはA君の健康状態が悪いと気付いていました。そして遅くとも同年8月上旬ころには、うつ病になったと認定されています。

判決では、うつ病についても詳しく判断されています。

まず、「仕事熱心、凝り性、強い義務感等の傾向を有し、いわゆる執着気質とされる者は、うつ病親和性がある」。また、「過度の心身の疲労状況の後に発症するうつ病の類型について、男性患者にあっては、病前性格として、まじめで、責任感が強すぎ、負けず嫌いであるが、感情を表さないで対人関係において敏感であることが多く、仕事の面

において は内的にも外的にも能力を超えた目標を設定する傾向がある」。

まじめで几帳面な性格の人は「メランコリー親和型」と呼ばれ、日本人に多く、うつ病にかかりやすいそうです。おそらくA君もこのような性格だったのでしょう。そして判決は、「うつ病にり患した者は、健康な者と比較して自殺を図ることが多く、うつ病が悪化し、又は軽快する際や、目標達成により急激に負担が軽減された状態の下で、自殺に及びやすい」と指摘しています。

A君もまさにそうでした。取引先の行事が終了し、「業務上の目標が一応達成されたことに伴って肩の荷が下りた心理状態になるとともに、再び従前と同様の長時間労働の日々が続くことをむなしく感じ、うつ病によるうつ状態が更に深まって、衝動的、突発的に自殺した」のです。

会社の責任

自殺は、普通に考えれば、本人の意思によるものなので、他人に責任を負わせるのは難しいように思えます。しかし、はたしてそうでしょうか。刑法上は、自殺は犯罪ではありませんが、自殺の教唆や幇助をした人や本人から嘱託されて殺した人は刑事責任を問われることになります。

　では、民事責任（損害賠償責任）のほうはどうでしょうか。民事責任を問うためには、加害者とされる人に過失がなければなりません。また、加害行為と生じた損害との間に因果関係がなければなりません。したがって、社員の自殺について会社側に責任を問おうとした場合、会社側に過失があるのか、また会社の加害行為と自殺との間に因果関係があるのかがポイントとなってきます。

　A君のケースでは最高裁判所は、会社側には「業務の遂行に伴う疲労や心理的負荷等が過度に蓄積して労働者の心身の健康を損なうことがないよう注意する義務」（健康配慮義務）があると述べています。上司もこうした注意義務を守りながら、部下に仕事の指示をしなければなりません。A君のケースでは、上司がA君の長時間労働や健康状態の悪化を知っていながら、その負担を軽減する措置をとらなかったことに過失があると判断されました。さらに、うつ病発症のメカニズムを考慮すると、業務遂行とうつ病の罹患による自殺との間には因果関係があるとし、結論として、A君の上司には注意義務違反があり、会社にはその上司の使用者として責任があると判断されました。

　このように、自殺によって社員が死亡した場合、それが会社側の仕事のさせ方に問題があり（社員の健康に配慮する義務の違反があり）、それにより社員がうつ病にかかったという事情があれば、会社は責任を問われることになるのです。

ただ、A君が過労であっても、もしうつ病にかかっていなかったり、外見的に健康状態の悪化が認識されていなかったとすれば、結論は異なっていた可能性もあります。このようなときには、会社には社員の自殺についての予見可能性がなく、そのため過失があったとは言いにくいからです。

本人の責任

過労自殺について、会社の損害賠償責任を追及しうるとしても、普通は本人に何の落ち度もないとはいえないでしょう。

実際、訴訟においては、会社に損害賠償責任が認められる場合であっても、本人にも落ち度があるとして、「過失相殺《かしつそうさい》」の考え方により、損害額が減額されることはよくあります（8割減額されたケースもあります）。

ただ、自殺だから常に本人に落ち度があるというわけでもありません。先ほどの最高裁判所の判決は、一般論として被害者の性格などの要因を理由に損害額を減額することはできると述べながら、労働者の性格は多様なものなので、本人の性格が通常想定される範囲内であれば、損害の減額をしてはならないと述べています。

そして判決は、A君の性格は一般の社会人の中にしばしば見られるものの一つであり、上司はA君の性格をむしろ積極的に評価していたのであるから、A君の性格は通常想定される範囲内のものであると判断しました。

これは重要な判断だと思います。会社が、本人のまじめさを利用してたくさん働かせておきながら、いざ過労で自殺してしまうと本人のまじめすぎる性格のせいにして責任の軽減を図ろうとすることは、許されないのです。

家族の責任

この裁判で、もう一つ争点となったのは、家族には責任はなかったのか、という点です。自殺に至るというのは、仕事だけが原因ではなく、家庭生活などの私生活面にも問題があったのではないか、というのです。

この事件では、A君の父親は、A君の帰りが遅くなるときは自分の日頃利用している事務所に泊めさせたりしていました。また母親は、A君が朝の7時ころに帰ってきて、午前8時ころに再び出勤するというようなときに栄養価の高い朝食を用意するなどして健康に配慮し、さらに自宅から最寄りの駅まで自家用車で送って彼の負担の軽減を図ったりしていました。A君はまさに、家族のバックアップで異常な仕事量をこなしていたのです。

ところが、高等裁判所の判決では、A君の両親は彼の勤務状況、生活状況をほぼ把握しながら、これを改善するための具体的措置を採ってはいなかったと指摘し、A君の落ち度と併せ考慮して、会社の負担する損害額を3割減額したのです(それでも会社は、両親に約9000万円の支払いをすることが命じられたのですが)。これでは両親は納得いかないでしょう。

これに対し最高裁判所は、A君の損害は業務の負担が過重であったために生じたものであるし、彼は独立の社会人であり、両親は彼と同居していたとはいえ、勤務状況を改善する措置を採りうる立場にあったとは容易にいうことはできない、と述べて、高裁判決を覆して、両親の落ち度による損害額の減額を否定したのです(最高裁判所は高裁に判断のやり直しを求めて事件の差戻しをし、その後、会社は両親との間で総額約1億7000万円を支払う旨の和解をしたそうです)。

自分の身は自分で守る

この最高裁判決の影響もあって、過労問題への世間の関心は大きく高まりました。A君のように自分で仕事の進め方をコントロールする立場になれば、どうしても働きすぎる人が出てきます。そのため政府は、「裁量労働制」（自らの裁量で業務の遂行をする労働者について、特別な「みなし労働時間」の適用を認め、実際上は会社が残業手当の支払いをしなくてよいようにする制度）が導入されるときに、会社は健康確保措置を講じることが求められることになりました。

また、社員に過労自殺されると、会社は多額の損害賠償責任を負う可能性があるということも、この判決の残した教訓です。この判決以降、社員のメンタルヘルスの管理に力を入れる会社が増えてきました。

しかし、最も大事なことは、自分の仕事の状況や健康状態を客観的に判断して知っておくことでしょう。自分の身を守るのは、最終的には自分しかいません。ストレスは自分でも気づかないうちに蓄積されている可能性があります。いかにして、仕事による疲労やストレスをため込まずに、この雇用社会を生き抜くか。一人ひとりの知恵が問われているのです。

補講⑫　過労死

過労による自殺にまでは至らなくても、過労により病気になって死亡するというケースはかなりあります。実際には過労死という死因があるわけではなく、通常は過労によってクモ膜下出血、脳卒中、心筋梗塞などの病気を発症して死亡に至るわけです。過労死もそれが業務に起因した死亡と認められれば労災保険の適用が認められます。

しかし、本当は、死んでしまってからでは手遅れです。大事なことは予防です。労働安全衛生法は、社員の年1回の定期健康診断を義務づけており、健康診断の結果に問題があれば、会社は医師の意見をふまえて就業場所の変更、作業の転換、労働時間の短縮、深夜労働の回数の減少等の措置を講じなければならない、と定めています。会社がこれらの措置を講じずに、社員が死亡や健康障害に至った場合には、安全配慮義務ないし健康配慮義務違反として損害賠償責任を負担しなければならないことがあります。

また、最近の法改正で、会社は1カ月の時間外労働が100時間を超え、疲労の蓄積が認められる社員に対して、本人の申出があれば、医師による面接指導を行わなければならない、としています。まさに法律による過労対策です。

もちろん過労への抜本的な対策は労働時間の短縮です。そのための試みはずいぶんと行われてきましたが、なかなか成果はあがっていません。ここは、発想を思い切って変えてみてはどうでしょうか。休息をしっかりとるということのほうに重点を置くのです。具体的には、次の二つの提言をしてみます。

その一は週休1日の徹底です。現在では、「三六協定」が締結されていて、35パーセント以上の割増賃金を支払えば会社は社員に休日労働をさせることができます。これをできないようにするのです。

その二はEUでやっているような連続11時間以上の休息の義務づけです。24時間のうち、どんなことがあっても必ず11時間は続けて休みをとらなければならないようにするのです。1日の労働時間のマックスを13時間とするだけでも「働きすぎ」の軽減にかなり貢献できるでしょう。

13講　自分のうっかりミスで仕事中に大ケガをしました。労災保険は適用されますか？

踏んだり蹴ったり

久しぶりに大学時代の友人たちに会ったA君。昨晩は少し飲み過ぎました。4時間ほど睡眠をとっただけでなんとか遅刻せずに出勤はできましたが、二日酔いと睡眠不足で体調は万全ではありませんでした。注意力が散漫となっていたところ、旧型のシュレッダーに誤って人差し指を突っ込んでしまい、爪がはがれる大ケガをしてしまいました。

A君は仕事中のケガなので労災保険が適用されると思っていましたが、上司に相談したところ、これは君のミスだから労災保険の適用は無理だよ、と言われました。A君は病院に行って手当をしてもらい、しかたなく健康保険証を提示して治療費（自己負担分は3割）を支払いました。痛みがひどく、とても仕事に集中できそうになかったので、その日を含めて5日間欠勤しました。この欠勤分は給料からカットされました。

大ケガはするわ治療代はかかるわ給料は引かれるわで、A君は踏んだり蹴ったりです。しかし、どうも腑に落ちません。たしかに自分にも落ち度はあっただろうけど、会社での仕事をしている途中に会社の機器を利用していて起きたケガなのに、どうして自分が全面的に負担をかぶらなければならないのか、と思ったからです。

「業務上の災害」とは

社員が仕事をしているときにケガをしたり、仕事が原因で病気にかかったりした場合、「業務上の負傷」や「業務上の疾病」に該当し、労災保険が適用されます（このほか「業務上の障害」や「業務上の死亡」も保険の適用対象となります。後者の場合には遺族が保険給付を受け取ります）。仕事に関係していないケガや病気は「業務上の負傷」「業務上の疾病」に該当しないので、労災保険ではなく健康保険の適用となります。労災保険のほうが、本人負担がなかったり、休業補償が高かったりするなど、保障の内容がかなり手厚くなっています。

労災保険か健康保険かの分岐点は、ケガや病気が「業務上」なのか「業務外」なのかです。ではどのような場合であれば「業務上」とされるのでしょうか。

まず、「業務上」と認められるためには、それが業務遂行の途中に生じたものでなければなりません。業務遂行の途中とは、具体的な業務に従事している途中というように限定されたものではなく、「会社の支配下あるいは管理下にある状況」であればよいとされています（こういう状況を専門用語で「業務遂行性」があるといいます）。そして、こういう状況にともなう危険が現実化したと認められる場合（これを専門用語で「業務起因性」があるといいます）には、「業務上」とされるのです。

要するに、「業務上」と判断されるためには、今述べたような意味での「業務遂行性」と「業務起因性」がなければならないのです。ただ、「業務遂行性」と「業務起因性」の判断は必ずしも容易ではありません。具体的な例をみながら考えていきましょう。

勤務時間中のケガ

大手メーカーで経理の仕事をしているB子さん。勤務時間中にトイレに行く途中で、廊下に張ってあった滑り止めのマットがはがれていて、そこに躓《つまず》いて捻挫しました。

用便のためにトイレに行くというのは生理現象であり、業務に従事することに準じたものといえます。また会社の建物の中の廊下は会社の管理下にあるものです。したがって、用便のために廊下を通ってトイレに行くことには「業務遂行性」が認められます。そして、マットの剥がれに躓くというのは、会社の管理下にある施設の危険が現実化したものです。したがって、「業務起因性」もあります。ですからB子さんは労災保険の適用を受けることができます。

銀行の事務職で働くC美さん。机に座って書類のファイリングをしていたところ、突然、地震が発生しました。そして壁に設置されていたスチール棚から落ちてきたファイルが頭にあたって2針縫うケガをしてしまいました。

C美さんは業務に従事している途中でケガをしたので「業務遂行性」はあります。問題は「業務起因性」があるかどうかです。地震という自然現象は「不可抗力」（英語では、まさに「Act of God（神の行為）」と言います）であり、C美さんにとって地震はたまたま職場にいたときに起きたということにすぎません。そうすると、こういうときに「業務起因性」を認めて労災保険を適用するのは適切でないようにも思えます。

もっとも、スチール棚からのファイルの落下が、C美さんの職場に内在する危険が現実化したものと判断できる場合には「業務起因性」が認められる余地もあります。スチール棚の設置状況やファイルの保管状況がずさんであれば「業務起因性」が認められる可能性が高くなるでしょう。

休憩時間中のケガ、出張中のケガ

製紙工場で働くD君は、休憩時間中に敷地内でキャッチボールをしていたところ、突然、業務用機材が倒れてきてケガをしてしまいました。休憩時間中は業務に従事していませんが、会社敷地内にいる以上、会社の管理下にあるといえます。その意味で「業務遂行性」が認められます。また、業務用機材の管理方法に会社側の落ち度があれば、会社の管理下にあるという状況にともなう危険が現実化したものといえるので「業務起因性」も認められることになります。

東京に本社がある商社で働くE男さん。取引先との交渉のために福岡に出張を命じられました。翌日の仕事は早朝からであったため、前日に福岡入りをし、ホテルで宿泊していました。ところがその夜、ホテルの3階から出火し、数部屋が全焼しました。2階に宿泊していたE男さんは無事でしたが、脱出中にケガをしてしまいました。

出張中は、職場の外にいるので会社の管理下にはありません。しかし前日からの福岡入りは会社が命じたものでした。そのため出張期間中はE男さんには、「業務遂行性」

があるといえるのです。このように会社の支配下にある以上、本人が私的な行動をとっていた場合を除くと原則として「業務起因性」がありますから、労災保険の適用が認められます。もしこれが、夜中に勝手に中洲のスナックに飲みに行き、そのスナックが火事になってケガをしたというのであれば「業務起因性」は否定されるでしょう。

ではもう少し微妙なケースを考えてみましょう。これは実際に裁判で争われたものです。Fさんは出張中に宿舎で慰労と懇親のための夕食会（宴会）に出席し、そこで飲酒をしました。その後、宿泊施設内を歩行中に階段から転落して頭部を打撲し、数週間後、急性硬膜外血腫で亡くなりました。

労災かどうかの認定を行う労働基準監督署では、これは「業務上の死亡」に該当しないと判断して、労災保険給付の不支給処分をしました。遺族はこの不支給処分の取消を求めて裁判所に訴えを提起しました。第1審は遺族の請求を退けました。遺族は控訴したところ、第2審は「宿泊を伴う業務遂行に随伴ないし関連して発生したものであることが肯認される」として「業務起因性」を肯定し、不支給処分を取り消しました。

もしFさんが飲み過ぎて泥酔状態になっていたために転落して死亡したという場合なら「業務起因性」が否定される可能性もあったのですが、実際にはFさんは泥酔状態にまでは至っていなかったのです。

通勤途中のケガ

G子さんは、会社に出勤する途中で乗っていた電車が脱線し、頭を強くぶつけてケガをしてしまいました。通勤中は、会社の支配下にも管理下にもないので、これは「業務上」のケガではありません。しかし労災保険法（労働者災害補償保険法）は、通勤途上でのケガ等についても、特に「通勤災害」という制度を設けて、「業務上の災害」とほぼ同様の給付を定めています。G子さんのケースは典型的な「通勤災害」の事例であり、労災保険の適用を受けることができます。会社から帰宅する場合も同様です。

ただ、寄り道をして帰るとなるとどうでしょう？　H子さんは会社の帰りに週2回、通勤途中の駅で下車して、英会話学校に通っています。ある日、英会話学校での受講を終了して、地元の駅から自宅に帰る途中で交通事故に遭ってしまいました。H子さんには労災保険が適用されるでしょうか。

もし英会話学校に行っていなければ事故に遭わなかったといえるので「通勤災害」に該当しないような気もします。しかし、法令は通勤経路から逸脱した場合でも、それが日常生活上必要な行為（日用品の購入、職業能力の向上・開発に資する教育の受講、選挙権の行使、病院での診療、家族の介護）をするためであれば、本来の通勤経路に戻ってきた後に遭遇した災害は「通勤災害」に該当するとしています。H子さんの場合には、通勤経路からの逸脱は、職業能力の向上・開発に資する教育の受講による場合にあたるので、「通勤災害」に該当することになります。

もし、通勤経路からの逸脱理由がホストクラブで遊ぶというような理由であれば「通勤災害」には該当しません。また英会話学校に行っていた場合でも、途中下車した駅と英会話学校とを往復している間に事故に遭った場合（通勤経路逸脱中の事故）は、通勤途上での事故ではないので「通勤災害」には該当しません。

A君の場合

それでは、冒頭のA君の場合はどうでしょうか。自分にミスがあったとしても、それだけでは「業務起因性」は否定されません。A君の場合には労災保険の適用が認められることになるでしょう。

ただし、本人に落ち度がある場合であっても、いつでも労災保険の適用が認められるかというと、そうではありません。たとえば事故が本人の恣意的な行為によるものであったり、業務から逸脱する行為があったりすると、話は違ってきます。たとえばA君が出勤後にこっそり飲酒をしていて、そのアルコールの影響のためにケガをしていたという場合であれば「業務起因性」は否定されるでしょう。上司の注意にカッとしてその上司を殴ったところ、殴った本人が右手を骨折してしまったというような場合も、これは本人の業務逸脱行為によるものであり、「業務起因性」は否定されます。

正社員でなければどうなる？

今まで見てきた例は、すべて正社員が災害に遭った場合でした。では正社員以外の人がケガをした場合はどうでしょうか。

コンビニでアルバイトをしていた大学生のI君。商品のおでんの熱湯に指をいれてしまい火傷をしました。店長は「アルバイトには労災保険の適用はない」と言いましたが、そんなことはありません。I君は労災保険の適用を受けられます。

労災保険は、「労働者」に該当すれば、誰にでも適用されます。アルバイトであってもパートであっても、派遣労働者であっても、労災保険法は適用されます。これは労災保険だけではありません。労働基準法や最低賃金法なども同じです。労働法は、労働者の身分による区別はしていないのです（ただし労働時間や勤務期間が短い場合には、保護の一部が否定されることはあります）。また、労災保険は強制保険であり、会社が加入をサボっていても保険料の支払い義務はなくなりませんし、労災が発生すれば保険給付も行われます。そこが民間の（任意の）損害保険や生命保険と違うところです。

それでは、最後のケースです。定年退職したJさんは、退職金の一部を充てて家の改築をすることにしました。そこで近所の工務店に発注をしました。その工務店から発注を受けた大工のKさんがJさんの家の改築を担当してくれることになりました。ところがKさんは工事中に足を滑らして転落し、骨折してしまいました。

Kさんは発注主であるJさんと雇用関係にありません。Jさんが発注した工務店で雇用されているわけでもありません。Kさんは「労働者」ではないのです。「労働者」でなければ労災保険は適用されません。

ただ、労災保険法は、こういう「労働者」以外の人にも一定の要件を満たす人（「一人親方」や中小企業の事業主等）には、特別に労災保険に加入することを認めています。Kさんのような一人親方の大工も、この制度を利用して「特別加入」をしていれば、

「労働者」と同様に労災保険の適用を受けることができるのです。

グレーゾーン問題

実を言うと、ケガのケースは、労災保険適用の有無の判断はそれほど難しくありません。これに対して、病気のケースでは判断が微妙となることがよくあります。たとえば、過労による健康障害のケースです（補講⑫を参照してください）。もし、過労によりクモ膜下出血で倒れた人が、たしかにずっと長時間労働をしてはいたけれど、日頃から酒飲みでヘビースモーカーで高血圧気味だった、という場合はどうでしょうか。

「業務上の疾病」については「労働基準法施行規則別表第1の2」というのがあり、そこに「業務上の疾病」（要するに職業病）とされる疾病の範囲が網羅的に定められています。また、列挙されていない疾病であっても「業務に起因することが明らかな疾病」であれば「業務上の疾病」と認められます。クモ膜下出血は列挙されている疾病ではないので、労災保険の適用を受けるためには「業務に起因することが明らかな疾病」と認められなければなりません。クモ膜下出血の発症に、過重な業務という要因だけでなく、本人の生活習慣などに起因する基礎疾患も寄与していたという場合には、はたしてこれが業務に起因したものといえるかどうかはグレーです。法的にはどちらが相対的に有力な原因であるかによって決することになっていますが、その判断は容易ではありません。このように過労による脳・心臓疾患のケースは、労災保険の適用が認められるかどうかがはっきりしないことが多いのですが、法的には、どちらか決定しなければなりません。そして、その結果により補償の内容に大きな差がついてしまうのです。

もう一つのグレーゾーンの問題は、「労働者」性の問題です。働き方が多様化するなかで、「労働者」といえるかどうかがはっきりしない人が増えています。会社は、社員（正社員あるいは非正社員）として雇うとコストがかかるので、非社員として請負契約のような形式をとって働かせることも多いのです。こういう場合であっても、契約形式に関係なく実態として社員と変わらなければ「労働者」として扱われます。ただ、実際には、「労働者」に該当するかどうかの判断は明確ではありません。最近ではバイク便のライダーが「労働者」かどうかが問題となっています。「労働者」でなければ、ケガをしても、国民健康保険の適用しか受けられないのに対して、「労働者」であれば労災保険の適用を受けることができるので、補償の内容に大きな差がつきます。

グレーゾーンのケースにおいて、必ずしも明確ではない基準（「業務起因性」や「労働者」性の判断基準）によって、結論を出さなければならないというのは、法的な問題の解決においては避けられないことなのですが、労災保険の適用を否定された立場からすると、納得できないことも多いと思われます。

もし、どうしてもこの問題を解決しようとするならば、その方法は二つしかないでしょう。一つは基準の思い切った明確化・簡素化です。しかし、これでは、公正妥当な結論がもたらされない可能性があります（たとえば喫煙習慣がない社員がクモ膜下出血を発症すれば業務上の疾病と推定するという基準を立てれば、それは明確ですが、妥当な内容とはいえないでしょう）。もう一つは労災保険をなくすということです。「業務上の災害」という概念をなくすのです。すべて健康保険や国民健康保険でやるということです。これならみんな平等です。これに近いことをやっている国もあります（イギリスなど）。でも、日本でやるのは現実にはきわめて難しいことでしょう。

補講⑬　「労働者」性の判断

労災保険の適用を受ける「労働者」とは、労働基準法上の「労働者」と同じとされています。労働基準法上の「労働者」とは、同法の定義によると、「職業の種類を問わず、事業又は事務所に使用される者で、賃金を支払われる者」です（9条）。ただ、これだけでは、具体的にどの範囲までの人が「労働者」に含まれるかはっきりしません。

そこで、通常は、次のような判断要素を総合的に考慮して判断が行われます。①業務遂行上の指揮監督関係の存否・内容、②支払われる報酬の性格・額、③使用者とされる者と労働者とされる者との間における具体的な仕事の依頼、業務指示等に対する諾否の自由の有無、④時間的および場所的拘束性の有無・程度、⑤労務提供の代替性の有無、⑥業務用機材等機械・器具の負担関係、⑦専属性の程度、⑧使用者の服務規律の適用の有無、⑨公租などの公的負担関係等です。

これらの判断要素のうち、どれくらいの要素をどの程度満たせば「労働者」となるのかについては、明確な基準はありません。工場やオフィスで働いている一般社員が「労働者」であることは明らかです。しかし、病院の研修医、NHKの集金員、保険の外交員、楽団に所属するオペラ歌手、映画撮影技師、セールスマン、テレワーカー等となると、どうでしょうか。こういった人が「労働者」にあたるかどうかは、すんなりとは決まらないことなのです。

14講　会社の定年は65歳なのですが、70歳まで働きたいと思っています。定年制の廃止を会社に要求することはできますか？

若い者には任せておけぬ

安倍晋三元首相が突然、政権を投げ出したとき、前任の小泉純一郎氏から「抵抗勢力」と名指しされていた自民党の面々が色めき立ったそうです。「そらみろ。だから若いやつには任せておけぬのだ」「政治には経験が必要だ」「やっぱり俺たちがいなければダメだろう」。こんなことを口にしながら意気軒昂となったのは想像に難くありません。

政治の世界だけでなく、もっと高齢者が活躍できるような社会にしようという考え方は広がりつつあります。そういう人は「エイジフリーな社会を実現しよう」なんてことを言うわけです。「エイジフリー」とは要するに、「年齢に関係なく能力があるかぎりいつまでも働くことができる社会」ということです。「エイジフリー」推進論者からすると定年制なんて論外、ということになります。

老人差別？

定年というのは、やる気満々で、まだ十分に仕事をする能力がある高齢者であっても、一定の年齢に到達したことを理由にして職場から追いやるものです。それだけをみると、高齢者に対する酷《むご》い制度のように思えなくもありません。安倍元首相のように若さゆえの蹉跌《さてつ》という事例が登場してくると、高齢者を邪険にしてはいけないという意見にも説得力があります。

「エイジフリー」を主張する論者の中には、定年制は高齢者を年齢により差別するものだ、と主張する人がときどきいます。差別だから良くないというのです。それどころか、法律で年齢による差別を禁止するとはっきり定めるべきだという人もいます。こうなると、世の中から定年制が消えていくことになります。

でも、ちょっと待ってほしいのです。たしかに女性であることを理由とする差別は許されません。男女雇用機会均等法によって、性差別は禁止されています。それでは年齢差別は性差別と同じような意味での「差別」なのでしょうか。定年が年齢差別だといっても、その定年年齢には、（生きているかぎり）誰でも到達します。その意味で、定年はみんなに平等にやってくるのです。もし定年が高齢者に対する差別だとしても、いつかみんな高齢者になって定年になるのだから、結局みんなに対する差別となります。でも、そういうのは、差別とは言わないでしょう。

「エイジフリー」の浸透

もっとも、法の世界では「エイジフリー」思想が着実に浸透しつつあります。高年齢者雇用安定法（高年齢者等の雇用の安定等に関する法律）という法律は、１９９８年４月以降、定年を設ける場合には60歳以上とすることを義務づけました。55歳定年制などは、いまでは許されません。

さらに、この法律は２００６年４月以降、定年制を導入している会社に対して、その雇用する社員の65歳までの安定した雇用を確保するために、①定年の引上げ、②継続雇用制度、③定年制度の廃止のいずれかの措置を講じることも義務づけています（ただし、65歳という目標へは段階的に到達すればよいとされており、実際に65歳となるのは２０１３年４月からとなります）。ほとんどの会社では②の継続雇用制度を採用しています。

このように、政府は社員が65歳になるまでは安定雇用を保持できるようにしようとしているのです。

でも、どうせ「エイジフリー」というのなら70歳くらいまでは働かせてほしいと思う人もいるでしょう。日本人の平均寿命は、男性でも80歳近くになっています。「終身雇用」なんていうなら、70歳くらいまで働いていてもおかしくはありません。しかし、現実の高年齢者雇用安定法の制度下では、70歳までの就労継続はかなり困難といえます。

まず70歳まで働くことができるのは、会社が、①の定年の引上げを選択して定年を70歳以上としているか、③の定年制度の撤廃を選択しているかのどちらかです。会社が65歳未満の定年制を設けていて、②の継続雇用制度を適用したうえで、その上限を65歳としているかぎり（これは合法です）、70歳まで働くことはできません。

しかも継続雇用制度の対象者の基準は、会社が過半数代表（その事業場の過半数を代表している労働組合か、それがない場合には過半数を代表している社員）との協定により決定してよいことになっています（ただし、その高齢者の意欲と能力を測るような基準でなければなりません）。また、従業員数３００人未満の中小企業では、この基準を会社が就業規則により一方的に決定してもよいのです（ただし２０１１年3月までの時限措置）。そして、この基準に該当しないと判断されたときには、定年後65歳までの継続雇用の適用さえも受けることができなくなるのです。
このように70歳までの雇用を会社に要求するには高いハードルがあります。

「エイジフリー」の本当の理由

「エイジフリー」が高齢者の就労可能性を広げるためのものだ、というのは事実です。しかし、政治家はともかく、普通の人は年をとってからもそんなに働きたいのでしょうか。実は日本は、韓国と並んで高齢者の就労意欲が高い国だそうです。それは、どうしてなのでしょうか。会社人間でいた人が、いきなり会社から放り出されても居場所がないから、ということもあるかもしれません。しかし、それよりも経済的な理由が大きいのではないでしょうか。もし働かなくても年金が十分に入ってくるというのなら、仕事なんかしないで趣味の世界で生きていきたいと考えている人は決して少なくないはずです。でも年金財政は、少子化の影響もあり年々厳しくなっています。支給額を減らす、支給開始年齢を引き上げる、保険料を引き上げる、といった措置を講じなければ維持できなくなってきています。実際、年金の支給開始年齢は、現在、段階的に引き上げられています。60歳から年金をもらうということはできなくなっているのです。

政府が65歳までの雇用確保措置に力を入れているのは、年金の支給開始年齢が65歳にまで段階的に引き上げられようとしていることと関係しています。これは、高齢者の所得保障という社会保障の役割を、雇用の維持という形で企業に対して押しつけているということでもあります。比喩的に言うと、高齢者の所得保障の手段を「年金から賃金へ」あるいは「国による保障から企業による保障へ」移行させようとしているのです。このように年金の面から、高齢者の就労という問題をみると、高齢者は働かなければ生活できない状況に追い込まれているといえるので、高齢者の雇用安定をめざす法制度のことを、高齢者は喜んでばかりはいられないと思います。欧州では、年金制度改革（年金の支給開始年齢の引上げなど）は、労働者の就労期間の延長をもたらすことになるという理由で、大反対が起きて大規模なストライキもよく行われています。

高齢者の就労は少子化問題とも関係しています。少子化が進行すると労働力人口が減少していきます。労働力人口を確保しようとすると、考えられるのはいま労働市場にあまりいない専業主婦、高齢者、外国人を活用することです。専業主婦の活用は、今後どんどん進んでいくでしょう。次なるターゲットは高齢者です。外国人を受け入れるよりは、まずは同胞の高齢者に働いてもらうほうがよいということです。このようにみてくると、年金危機やら労働人口不足やらといった社会の都合で、高齢者が働かされているという感じもします。

定年制はそんなに悪いものか？

「エイジフリー」社会は、能力主義と親和性のあるものです。人材の活用は能力を中心にみるべきもので、そこで年齢を考慮に入れてはいけないということだからです。２００７年10月に施行された改正雇用対策法（10条）では、労働者の募集・採用において、労働者がその有する能力を有効に発揮できるようにするために、会社は年齢にかかわりなく均等な機会を与えなければならない、と定めています。ここには能力主義と「エイジフリー」の考え方との関連性が端的に表れています。

たしかに、能力主義が貫徹しているところでは、定年は不要なのでしょう。もし野球の監督に、70歳定年というようなものがあれば、楽天の野村監督は監督をすることはできなかったでしょう。野球のように成績がはっきり出るところでは実力の有無が明確なので、年齢を考慮することは不要で、能力主義を貫徹することができるのです。ヤクルトの古田敦也前監督のように若くして監督になることもできるし、若くても成績が悪ければクビになってしまうのです。こういう能力主義はそれはそれで首尾一貫しています。

プロスポーツの世界はこれでよいかもしれません。しかし、普通のサラリーマンが、年老いて実力が発揮できなくなり、最後はクビで引退というのは何となく寂しいものです。では自分の引き際は自分で決めるというのがいいかというと、それもなかなか厳しいものです。自分の能力は他人がみるよりも高く評価していることが多いからです。まして自分の地位が高くなると、かえって若い者には任せられないと過信してしまうことが多くなります。こうなると、どうしても引き際の判断を誤ります。

定年というのは、自分の職業上のプライドも傷つかず、周りにも迷惑をかけずに去っていけるという意味で、それほど悪い制度ではないと思うのです。たしかに定年後の生活はたいへんかもしれません。公的な年金にそれほど期待ができないとなると、企業年金などの私的年金の充実化が、今後の重要な政策課題となるでしょう。

補講⑭ さまざまな定年

定年は高齢者に対するものだけではありません。もう少し年齢が低い人に適用される定年もあります。

一つは、女子若年定年制です。戦後しばらくは女性社員の25歳定年制というような例もありました。女性社員には若さが不可欠とされていたからです。これと似たようなものとして結婚退職制というものもありました。有名な「住友セメント事件」では、女性社員から「結婚または満35歳に達したときは退職する」という念書をとっていたというケースで、その有効性が問題となりました（判決は、無効と判断）。

その後、最高裁判所は1975年に「男性57歳、女性47歳定年制」を、さらに1981年に「男性60歳、女性55歳定年制」という男女別定年制を「公序良俗」（民法90条）に違反するとして無効と判断します。そして、1985年に男女雇用機会均等法が制定されて、男女差別定年制は無効であると法律で明記されました。

現在の男女雇用機会均等法では、はっきりと次のことが禁止されています。

① 労働者の性別を理由として、退職の勧奨、定年、解雇、労働契約の更新について差別的取扱いをすること（6条4号）

② 女性労働者が婚姻し、妊娠し、または出産したことを退職理由として予定する定めをすること（9条1項）

③ 女性労働者が婚姻したことを理由として解雇すること（9条2項）

このほか、中高年の役職者を対象とした役職定年制というものもあります。その多くは、55歳くらいの役職定年に達すると、ラインをはずれて「専門職」という名称のついた閑職（部下のいないスタッフ職など）に追いやられたり、あるいは関連企業に対して「片道切符」の（つまり復帰が予定されていない）出向を命じられたりするというものです。役職定年は雇用関係の終了をもたらすものではないので、基本的には法的な問題は発生しません。ただ、これまで「専門職」制度がなかった会社に、いきなり55歳以降を「専門職」にするとして、賃金を大幅に下げるような制度改定を行うと、労働条件の不利益変更であるとして法的に問題となることはあります。このようなケースでは、裁判所は、高度の必要性に基づいた合理的な変更でなければ、その制度改定は拘束力をもたないと判断しています（8講を参照してください）。

15講　職場がいまだに禁煙になっていません。これって法的な問題はないのでしょうか？

喫煙に対する法規制

喫煙に対する意識は喫煙者と非喫煙者との間で大きく隔たっています。非喫煙者の立場で言えば、他のことでは非常に気配りの行き届いた人が、他人に副流煙を吸わせても全然平気だったりするのを見ると、その人がとたんにガサツな人に思えてきたりします。

現在では、２００２年に制定された健康増進法により（２００３年施行）、徐々に非喫煙者の立場が強まってきています。特に注目されるのは、この法律の25条です。

「学校、体育館、病院、劇場、観覧場、集会場、展示場、百貨店、事務所、官公庁施設、飲食店その他の多数の者が利用する施設を管理する者は、これらを利用する者について、受動喫煙を防止するために必要な措置を講ずるように努めなければならない」

つまり、パブリックな施設の管理者は、受動喫煙（室内などで他人のタバコの煙を吸わされること）の防止措置を講じる努力義務があるのです。努力義務というのは法的に厳格に義務づけるというのとは違いますので、いささか腰がひけた規制ではありますが、政府が受動喫煙対策に関心をもっていることを公けに示した意味は大きいと思います。

職場における受動喫煙問題だけをみると、実はすでに労働省（現在の厚生労働省）が「職場における喫煙対策のためのガイドライン」を制定していました。そして、健康増進法の制定にともない、ガイドラインを見直して、さらなる強化が行われました。このガイドラインでは、喫煙対策は、労働衛生管理の一環として職場で組織的に取り組むべきこととされています。具体的な対策としては、全面禁煙と分煙が示されていますが、当面は分煙でよしとする方向性が示されています。

ただし分煙にするときには、喫煙室を設けたうえ、空気清浄機ではなく、タバコの煙が飛散する前に吸引して屋外に排出する機器を設置することを推奨しています。さらに、喫煙対策委員会を設けて、喫煙行動基準等の策定を検討することも呼びかけています。このようにガイドラインでは、かなり細かなことが書かれています。

ただ、嫌煙家からすると気になることも書かれています。

「喫煙対策を円滑に推進するためには、喫煙者と非喫煙者の双方が相互の立場を十分に理解することが必要であること」

嫌煙家からすると、タバコを吸うのは本人が勝手なことをしているのであって、それに対して理解をせよというのはいかがなものか、喫煙者に譲歩しすぎではないか、と言いたいところかもしれません。

職場での押し問答

A君の職場では、まだ禁煙が行われていませんでした。正義感にあふれるA君は、上司の愛煙家B課長に苦情を申し立てました。

「課長、喫煙は別の場所でやってもらうということにしていただけないでしょうか」

「喫煙者を隔離するというのかね。そんなの人権問題だよ」

「人権問題とおっしゃるのなら、受動喫煙をさせられる側の人権はどうなるんですか」

「職場で仕事をしているんだからお互い様じゃないのかね」

「お互い様ではないと思います。喫煙者だけが自分の権利を主張しているのですから」

「しかし、そんなことを言えば、あいつは体臭が強いからいやだとか、自分の趣味に合わない香水をつけているからダメだとか、そんな話になるのかね」

「喫煙というのは健康に関わることなので、体臭や香水と次元が違います。健康増進法っていう法律もできたんですよ」

「その法律のことは知っているよ。公共の施設では吸えないところが増えているからね。でも職場は公共の施設じゃないよ。社員というのは互いに家族のようなものさ」

「厚生労働省も職場で喫煙対策をしろと言っているんですよ。社員が家族同然だというなら、家族がこんなにいやがっているのに何も感じないんですか」

嫌煙権をめぐる裁判闘争

法的には、受動喫煙の被害を受けないことが社員の権利といえるかどうかははっきりしていません。権利というのは法律ではっきりと明示されていることもありますが、裁判所の判断により保障されるということもよくあります。たとえばプライバシー権は、法律でははっきり書かれていませんが、裁判では法的に保障されています。嫌煙権も、それを明記した法律上の規定はありませんが、裁判例ではどう扱われているのでしょうか。

かつて岩国市役所の職員が、岩国市に対し、事務室を禁煙にしていないために受動喫煙を余儀なくされ、健康を侵害されているとして、人格権に基づいて事務室を禁煙にすることを求めるとともに、岩国市が事務室を禁煙にしていないことが職員に対する安全配慮義務（生命や健康等を危険から保護するよう配慮する義務）に違反するとして慰謝料請求をしたことがありました。

この事件では、1992年に山口地方裁判所岩国支部は、受動喫煙の有害性について慎重な姿勢を示し、また職場環境の設定に対する市側の裁量を尊重したうえで、受動喫煙による被害の程度は、受忍限度の範囲を超えるものではないから、市が庁舎の事務室を禁煙にしていないからといってただちに人格権の侵害になるとはいえないと述べました。

その後、江戸川区の職員が、受動喫煙により健康被害を受けたとして、区を訴えて損害賠償を求めたケースがありました。2004年に東京地方裁判所は、この職員が採用された当時（1995年4月）、区側が喫煙者から遠ざけるような座席配置の変更をしたり、本人に卓上用空気清浄機の持ち込みを許可したりしていたし、喫煙所の設置などの分煙措置は不十分な面はあったものの、当時の基準からすると相当であったと述べました。

しかしこの職員は、1996年1月ころから受動喫煙による急性障害が疑われる病気を発症しているとの診断書を提出しました。裁判所は、この職員が区に対策を要請したにもかかわらず、4月に新しい部署に異動させるまでの約2カ月半、区が特段の措置をとらなかったという点には安全配慮義務違反があると判断しました。そして結論として、慰謝料5万円の支払いを区に命じました。

正義の実現方法

受動喫煙により健康被害を受けた社員は、会社が安全配慮義務に違反しているという理由や、また嫌煙権という言葉は使わないまでも、会社が適切な措置をとっていないために社員の人格権が侵害されているという理由により、会社に対して損害賠償を求めることはできそうです。一般論としてはそうなのです。

ただ、これまでの裁判の結果をみると、会社がそれなりの喫煙対策をとっているかぎり、それが十分な健康被害防止策となっていないとしても、なかなか賠償責任までは認められないというのも事実です。現在では、前述のガイドラインが会社がとるべき対策の目安となりましょう。しかし、かりにA君の会社のように会社がガイドラインを無視しているような場合であっても、最終的に損害賠償責任が認められるためには、なおハードルがあります。会社側が社員の受動喫煙による健康被害について予見可能であったという事情がなければならないからです。ましてや、裁判によって会社に対して完全な分煙措置や全面禁煙措置を勝ち取ることは、損害賠償を得るよりも難しいと言わざるをえません。

A君の言っていることは、けだし正論でしょう。でも正論だけでは人の気持ちを動かすことはできません。B課長だって内心の葛藤があるはずなのです。そんなときに、他人から止めろと言われたりすると、素直にそれに応じられないというのが人情でしょう。

法というのは、正義によって支えられるものです。裁判所は、それを国家権力によって実現するものです。しかし、正義を国家権力によってエンフォースするのは、本当は最後の手段であるべきです。しかも、これにはコストもかかるし、実効性（ほんとうに守ってもらえるかどうか）の点でも問題が残ります。一番コストが安く実効性があるのは、相手が真に納得して自発的に正義の実現に協力してくれる場合でしょう。裁判所や労働委員会で和解が重視されるのは、こうした理由からです。

正義を「正義だから」という理由で押し通すのは、かえって正義の真の実現には遠回りとなるのです。相手の言い分も良く聞いて、両者の間に共感を得られるようになったら、意外に話はスムーズに行くかもしれません。ガイドラインで喫煙者のことも理解するようにと言っているのは、このような意味なのかもしれません。

補講⑮ イタリアの禁煙法

イタリアでは、2005年1月10日に禁煙法が施行されました。すでに1975年に、病院、学校、公共輸送機関等における禁煙を義務づける法律が制定されていましたが、新法は禁煙とされる範囲を閉鎖された場所すべてに拡大しました。例外は、利用者や公衆に公開されていない場所（私的な場所）と喫煙者用と明示されている場所だけです。

イタリア人のタバコ好きを知る多くの人は、こんな法律、絶対に守られないだろうと思っていました。ところが驚くなかれ、タバコの煙は屋内の公衆の集まる空間から、本当に姿を消していったのです。街角のあちらこちらにあるバール（bar）でも同じでした。これまではバールに行けば、タバコの煙に囲まれるのはあたりまえのことでした。それが、1月10日を境に状況が一変したのです（入り口の外で吸っている人の煙が店内に逆流してくるのはご愛嬌です）。

どうして、こうなったのでしょうか。その秘訣は、一つは罰則です。喫煙者には25〜250ユーロ（1ユーロを160円で計算すると、4000〜4万円）の罰金が科されるのですが、それに加えて、禁煙場所の管理者に対しても、200〜2000ユーロの罰金が科されることになっているのです（罰金の額は、その後さらに引き上げられています）。要するに、バールの店主は自分にも罰金が科されるので、客がタバコを取り出して吸おうとしようものなら、ただちに店外に行くように指示するのです。

ただ、客がちょっと喫煙し、それを黙認したとしても、そう簡単に見つかりっこないだろうという気もします。ところが、もう一つのポイントがありました。それは法律違反があるかどうかを監視する専門官がいるのです。「健康警察官」と呼ばれるものです。

イタリアでは、公共バスに乗るときはあらかじめ切符を購入しておかなければなりませんが、車内では誰も乗客が所定の切符をもっているかどうかのチェックはしません。しかし、ときどき検札員が乗り込んできて、万が一、切符をもっていなかったら、容赦なく多額の罰金がとられます。いかなる言い訳もききません。このようなことに慣れているイタリア人は、ふだんは見つからなくても、いったんバレると容赦なく摘発されることがわかっているのです。しかも、禁煙の場合には、喫煙者だけでなく、店主も連座です。このように、場所の管理者に責任を課し、そして摘発者がときどき監視するというだけで、禁煙法は驚くほど実効性のあるものとなったのです。

16講　痴漢で捕まってしまいました。会社にバレたらクビになりますか？

私生活上の犯罪

痴漢は迷惑防止条例で禁止されている「迷惑行為」に該当し、違反者には刑事罰が科されます。また、程度によっては強制わいせつ罪や暴行罪といった刑法上の犯罪に該当することもあります。

痴漢は通常、現行犯であり、犯人はそのまま逮捕されます。即時に犯行を認めて保釈されれば会社に気付かれないですむかもしれません。かりに起訴されても、勾留されず、しかも罰金刑ですめば、やはり会社に気付かれないままかもしれません。

しかし、これは運のいいケースであり、会社に知られてしまうこともけっこうあります。名の通った会社の社員や有名人であれば、新聞や週刊誌に名前が出てしまうかもしれません。こうなると会社としても放っておくことは難しくなります。

とはいえ、会社のお金を使い込んだというような犯罪（業務上横領罪）であるならともかく、痴漢のように私生活の領域で起きた犯罪を理由に会社が処分するのはやりすぎではないかという考え方もありえます。犯罪を処罰するのは司法によるもので十分であって、会社のやることではないと言えそうだからです。

しかし、法のルールはそうではありません。最高裁判所ははっきり言っています。社員が職場外で行った職務遂行に関係のない行為であっても「会社の社会的評価に重大な悪影響を与える場合」であれば、会社は懲戒処分をしてもよい、と。

そこで問題となるのは、どのような行為であれば、「会社の社会的評価に重大な悪影響を与える」といえるかです。

有名な裁判事例

実は、このことが問題となった有名な最高裁判決があります。

ゴム製品の製造販売会社の製造課の作業員Aが、夜の11時20分頃、酒に酔った状態で他人の家に風呂場から忍び込みました。ところが、家の人に見つかり誰何《すいか》されたため直ちに逃走したところ、まもなく通行人に捕まり警察に引き渡されました。そして、その後数日経ないうちに、このことが噂として広まり、工場近辺の住民や会社の同僚の従業員の多くがこの事実を知ることとなりました。そこで会社は、賞罰規則所定の「不正不義の行為を犯し、会社の体面を著しく汚した者」に該当するとして、Aを懲戒解雇にしました。Aは住居侵入罪としても起訴され、罰金2500円に処せられています。

Aは懲戒解雇は重すぎるとして訴訟を起こしました。地裁も高裁も処分は無効としました。最高裁判所も、この行為が①私生活の範囲内で行われたものであること、②刑罰が罰金2500円程度にとどまったこと、③職務上の地位が作業員であり、管理職のような地位にはなかったことを勘案して、Aの行為は「会社の体面を著しく汚した」とまでは評価できないとして処分を無効としました。

住居侵入罪は、たしかに刑法上の犯罪ではあります。しかし、殺人、強盗、強姦、放火のような重罪ではありませんし、仕事に関連した犯罪でもありません。また刑も1965年当時の事件とはいえ罰金2500円と比較的軽く、しかもAの社内の地位は高いものではありませんでした。こうしたことから、彼の行為は賞罰規則（就業規則の一部）には該当しないと判断されたのです。

ここからわかるように、懲戒処分にするためには、たんに犯罪を犯して実刑判決を受けたというだけでは理由として不十分なのです。まずは、その会社の就業規則上の規定（懲戒規定や服務規律規定など）に違反していると判断されることが最低限必要です。しかも、たんに規定に違反しているというだけでは十分ではありません。とくに懲戒解雇のような重い処分にするためには、これに加えて「会社の社会的評価に重大な悪影響を与える」ということも必要となるのです。

酔って人を殴った場合

Aは有罪判決を受けたとはいえ、会社をクビにならずにはすみました。もう少し軽い出勤停止処分や減給処分であったら有効となっていた可能性はあるのでしょうが、懲戒解雇は重すぎるということでした。

では酔って人を殴ってしまったときはどうでしょうか。

実際に裁判となった事件に、次のようなものがありました。自動車学校の技能員をしているBは、労働組合の支部長でした。ある休日、社内の慰労会が開かれている場で、Bの所属する労働組合から脱退して別組合を結成し、その委員長となっていたCが、Bについて「だらしない。もっとしっかりしたほうがいい」などと大声で話したことから、二人の間でいさかいが起こりました。そして、BはCの右目を殴り、数週間の治療を要する傷害を与えました。この自動車学校では、他人に対して暴行を加えた者は懲戒解雇処分とすると定めていたことから、Bは懲戒解雇になりました。

Bは、処分が重すぎるとして会社を訴えたところ、裁判所は、次のような事情を考慮して、懲戒解雇を無効と判断しました。この慰労会は会社主催とはいえ、社員の参加が自由な昼間の宴会であったこと、Bによる暴行は酒に酔ったうえでの偶発的な行為であったこと、Cにも暴行を誘発する不適当な言動があったこと、傷害の程度は比較的軽微であったこと、暴行により破損したCの眼鏡についてBが弁償をしていたことが、Bに有利に考慮されたのです。要するに、酔ったうえでの喧嘩程度で、傷害の程度も小さくて、悪質性も小さいとなれば、裁判所も大目に見てくれるということです。

しかし、これが職場で起きたこととなると、もはや私生活上の問題とは言いにくくなるので、話は違ってきます。次のような事件もありました。

JRの職員で労働組合の分会長であるDが、酒気帯び状態で近くのJRの駅に行き、その駅の助役Eを呼び出して、改札事務室やホーム上で暴言と暴行を加え、傷害を負わせたうえに、乗降客の前でEを誹謗中傷する発言を繰り返しました。Dは、EがDの所属する労働組合に対する脱退工作をした中心人物であったので、抗議をするつもりで駅に行ったところ、行為がエスカレートしてしまったのです。裁判所は、Dに対する懲戒解雇は有効であると判断しています。Eの負った傷害は軽微であったこと、Dの行為は酔ったうえでのものであったこと、列車運行に支障はなかったこと、という事情を考慮に入れたとしても、なおDの行為は行き過ぎであったと判断されたのです。

飲酒運転はどうか

では、社会的な批判が急速に高まっている飲酒運転はどうでしょうか。

過去の裁判例をみますと、飲酒運転により歩行者を死亡させ禁錮10年、執行猶予3年の刑が確定した社員に対して行われた懲戒解雇について、会社の信用に対する重大な侵害をもたらしたとはいえないとして、この処分を無効としたものがあります。これは1973年に出された判決ですが、今の感覚からすると甘すぎるという感を否めません。

また、あるタクシー会社の運転手Fが後輩の運転手に飲酒をすすめたうえで自動車を運転させたところ、人身事故が起きてしまったという事件がありました。F本人が車を運転したわけではなかったのですが、会社は、「酒気を帯びて自動車を運転したとき」

という就業規則上の懲戒規定を準用してFを懲戒解雇にしました。訴訟となりましたが、最高裁判所は、この懲戒規定は本人の飲酒運転を想定したものではあるものの、Fの行為は飲酒運転と同等に、会社の企業秩序に影響を及ぼしその社会的評価を低下毀損するおそれがあるものであるとして、懲戒解雇を有効と認めたのです。

飲酒運転の場合にも、ポイントとなるのは、「会社の社会的評価に重大な悪影響を与える」かどうかです。しかも、飲酒運転に対する世間の目は、近年どんどん厳しくなってきています。自動車運転による事故に対する厳罰化も進んでいます。最近では、「危険運転致死傷罪」や「自動車運転過失致死傷罪」などの新たな罪が刑法に設けられています。飲酒運転で人身事故を起こすと、実刑判決を受ける可能性は高いのであり、実刑判決を受けると、もはや懲戒解雇は避けられないでしょう。

よしんば実刑判決を免れたとしても（執行猶予や起訴猶予など）、飲酒運転をしたということだけで「会社の社会的評価に重大な悪影響を与える」おそれがあると判断される可能性はあります。少なくとも自動車の運転を主たる業務としている会社（バス会社やタクシー会社など）の乗務員であれば、たとえ事故を起こさなかったとしても、飲酒運転をしたというだけで、即刻、懲戒解雇になっても文句は言えないでしょう。

それでは痴漢は？

では、冒頭の質問に戻って、痴漢のケースを考えてみましょう。

先ほども述べたように、痴漢は犯罪です。酔っていたからといって、許されるものではありません。ただ痴漢行為にも、いろいろな程度があるでしょう（お触り程度からレイプに近いものまで）。いかなる痴漢行為であっても懲戒解雇にするというのはいささか行き過ぎかもしれません。懲戒解雇が正社員に対する「極刑」であるということも考えておく必要があります。

酔ったうえでの痴漢は、ここまでで例に挙げた「住居侵入罪」に近いものでしょうか、それとも「飲酒運転」に近いものでしょうか？

痴漢行為は、女性のプライベート空間への侵入行為という面もあるでしょう。そういう侵入だけにとどまっていれば「住居侵入」に近いものであり、少なくとも懲戒解雇のような重い処分をすることは難しくなるでしょう。

ところが、痴漢が女性の身体への執拗な接触をし、暴行や傷害と評価されるものとなると、話は違うでしょう。「飲酒運転」による傷害事件に近いものといえるかもしれません。そうなると、その人の会社の中での地位がある程度高いものであったり、有名な会社の社員であったりすると、会社の社会的信用に影響を及ぼす可能性があるので、懲戒解雇などの重い処分が有効となる可能性は高くなります。

では、酔ったうえでの痴漢と、素面《しらふ》の痴漢では、どちらが重い処分を受けてしかるべきなのでしょうか。普通に考えれば、どちらも痴漢という点では同じなので、酔っているかどうかによって差はないと言えそうです。いや、車の運転と同様、酔ったうえでの痴漢のほうが、たちが悪いと言ってもよさそうです。ところが女性側に聞いてみると、酔ったうえでの痴漢なら多少は同情の余地がある、という意見が少なからずあります。世間の評価において、飲酒の影響下にあったという事情が、車の運転と痴漢とで逆になるのはなんだか不思議です。

補講⑯　懲戒解雇と退職金

懲戒解雇になると、普通は退職金は支払われません。公務員とは異なり、法律上、そう定められているわけではありませんが、多くの就業規則（退職金支給規程など）において、懲戒解雇は退職金の不支給事由とされているのです。また、懲戒解雇になると、再就職にも大きな支障が生じます。懲戒解雇がサラリーマンの「極刑」と言われるゆえんです。

退職金は、これまでの労働に対する対価という面もあります。賃金の後払いだ、と言われることもあります。それなら、懲戒解雇になっても、これまでの労働の実績がある以上、会社はきちんと退職金を支払うべきだといえそうです。しかし同時に、退職金には、これまでの功労に対する報償という面もあります。したがって、懲戒解雇になるような非違行為をして、これまでの会社への功労を無にするようなことになれば、退職金をもらうことはできない、というのにも一理あるのです。

そもそも会社には、退職金制度を設ける法的な義務があるわけではありません。それでも会社が退職金制度を設けているのは、がんばって働けば退職金をたくさんもらえるよという「アメ」を用意しながら、他方で、もし会社に大きな迷惑をかければ、退職金はもらえないよという「ムチ」も同時に用意して、社員を誠実に働くように誘導しているのです。

とはいえ、実際に起こるケースでは、懲戒解雇になったからといって、退職金をいっさい支払わないのは、社員にあまりに酷だということもあります。

比較的最近に裁判で争われた例として、電鉄会社の社員が電車内で痴漢行為をしたというケースがあります。会社は、これまで何度か更生の機会を与えていたにもかかわらず、再犯を繰り返したため、とうとうその社員を懲戒解雇にしました。懲戒解雇なので、もちろん退職金も支給しませんでした。

裁判所は、このケースで、懲戒解雇が有効となるのはやむをえないとしたものの、退職金を支給しないのは社員に酷であるとして、規定の3割分は支払うように会社に命じたのです。これが甘い判決かどうかは、評価の分かれるところでしょう。ただ、こういう判決もあることからすると、電鉄会社ではない一般会社の社員の痴漢のケースであれば、仮に懲戒解雇が有効となったとしても、退職金をある程度は受けとる権利があると認められる可能性はあります。

17講　妊娠を報告したところ、上司が冷たくなりました。妊娠中の社員の権利について教えてください。

妊娠の報告

最近のカップルが結婚するきっかけとなるのは、彼女の妊娠ということが多いようです。いわゆる「できちゃった婚（でき婚）」です。いまでは、これを不道徳と批判するような声はめっきり減りました。アイドルタレントが、あっけらかんと「でき婚」します、とテレビで話す姿も珍しくなくなりました。

でも誰もが「でき婚」できるわけではありません。若すぎて経済的に無理、ということもあります。それからタイミングもあります。A子はまさに最悪のタイミングで妊娠してしまいました。

A子は、有名国立大卒、入社8年目のバリバリのキャリアウーマン。その能力をかわれて社内の花形部署に4月に異動となりました。新しい部署での歓迎会も終わり、いよいよ本格的に仕事を、というところで妊娠に気づきました。

A子のいる会社では、女性社員は例外なく結婚すると「寿退社」でした。でもA子は会社を辞めるつもりは毛頭ありませんでした。そこで恋人のB男と相談のうえ、正式に籍を入れることはせず、シングルマザーとして出産することに決めました。そして出産ぎりぎりまで働き、できるだけ会社に迷惑をかけないつもりでいました。それなら上司も納得してくれるだろうと思っていたのです。

でも、これは甘い見通しでした。翌日、上司に報告すると、上司は「おめでとう」と言いながらも困惑の表情を隠しませんでした。そして、「結婚はどうするの」「出産後も働き続けるの」「父親になる人は育児を助けてくれるの」と矢継ぎ早に質問をし、最後に「新しい部署は仕事がかなりハードだから、妊娠中であれば無理じゃないの」と言ってきたのです。A子は「こんなの遠回しの退職勧奨じゃない」と抗議したい気持ちをぐっとおさえて、「体力には自信があります。出産後は彼や母に手伝ってもらいながら育児をやっていきます」ときっぱり答えました。

A子は、上司の対応に強く不満を感じました。妊娠したり出産したりした女性が働きづらくなるなんて、絶対におかしいと思ったからです。

妊産婦の保護

妊娠しても出産しても働き続けたいと考えていた彼女には、法律上どのような権利があるのでしょうか。

まず労働基準法では、妊娠したり出産したりした女性社員にさまざまな保護が認められています。出産の前の段階では、次のような保護があります。

①「使用者は、妊娠中の女性が請求した場合においては、他の軽易な業務に転換させなければならない」（65条3項）。ただし、そのような軽易な業務がない場合、会社がそれをわざわざ作り出す義務まではありません。

②「使用者は、6週間以内に出産する予定の女性が休業を請求した場合においては、その者を就業させてはならない」（65条1項）。もし双子以上の多胎妊娠である場合には、産前14週間の段階から休業を求めることができます。

③「使用者は、妊産婦を、重量物を取り扱う業務、有害ガスを発散する場所における業務その他妊産婦の妊娠、出産、哺育等に有害な業務に就かせてはならない」（64条の3）。「有害な業務」には「著しく暑熱な場所における業務」や「著しく寒冷な場所にお

ける業務」も含まれます（この保護は出産後1年間も認められます）。

次に、出産した後の保護には、以下のようなものがあります。

④「使用者は、産後8週間を経過しない女性を就業させてはならない」（65条2項）。

女性社員は、その出産後は、本人にどんなに働く意欲があっても、会社は働かせてはならないのです。ただし、産後6週間が経過してからは、女性社員のほうから求めた場合で、しかも医師が支障がないと認めた業務であれば、働くことが認められます。

⑤「生後満1年に達しない生児を育てる女性は、休憩時間のほか、1日2回各々少なくとも30分、その生児を育てるための時間を請求することができる」（67条1項）。

これは育児時間と呼ばれるもので、女性社員の授乳を念頭においたものです。育児時間は、30分ずつ分けてとることも、1回にまとめて60分とることもできます。

このほか妊娠中か産後1年を経過していない女性（法律上は、「妊産婦」と呼ばれています）には、時間外労働（残業）や休日労働をさせてはなりませんし、深夜労働（夜10時から朝5時までの労働）をさせてもなりません（66条）。また産前産後の休業期間中の社員に対しては、たとえ解雇の正当な理由があるときであっても、解雇をしてはなりません（19条。やむを得ない事由のために事業の継続が不可能な場合は別です）。

以上の労働基準法上の規定は、これに違反した場合に罰則が定められているので、会社は特に注意をすることが必要です。

男女雇用機会均等法では

労働基準法では、妊産婦の「保護」に関する規定は充実しています。では、男女の社員の平等について定める男女雇用機会均等法には、どのような規定が置かれているのでしょうか。この法律には、女性であるがゆえの不利益な取扱いを禁止して、男女の平等を実現しようとする規定が数多く含まれています。妊娠や出産は女性特有のことですから、これらを理由とする不利益な取扱いも禁止されています。

⑥ 会社は、女性社員が妊娠、出産したことを退職理由として予定する定めをしてはなりません（9条1項）。また、女性にだけ結婚や出産したときに退職勧奨をするというのも違法です（6条4号）。

⑦ 会社は、産前あるいは産後の休業を取得したこと、妊娠したこと、出産したことなどを理由として、解雇その他の不利益な取扱いをしてはなりません（9条3項）。

A子が妊娠したことを理由として解雇するのは論外ですし、それ以外の不利益な取扱い（たとえばパートへの転換の強要、降格、査定を低くすること、職務内容や部署を一方的に変更すること）も違法となるのです。

男女雇用機会均等法に違反した場合には、労働基準法の場合とは異なり、罰則は科されませんが、厚生労働大臣（実際上は都道府県労働局長）による勧告がなされることがあり、その勧告に従わなければ会社名公表という制裁を受ける可能性があります（30条）。

ボーナスでペナルティは適法？

A子は無事、出産しましたが、思わぬ不快なことに直面しました。出産後しばらくして、冬のボーナスの時期がやってきました。A子の会社では、冬のボーナスは12月に、その年の4月から9月までの勤務実績に応じて、夏のボーナスは6月に、前年の10月からその年の3月までの勤務成績に応じて、それぞれ月給の2カ月分を支払うというものでした。ただし、会社の給与規程には、冬季も夏季も9割以上の出勤をしていなければボーナスは支払われないということが定められていました。A子は産前の休業で6週間休み、産後も8週間休んだので、9割出勤の要件をみたしておらず、それを理由にボーナスは支払われませんでした。

法的にはボーナスの支給をするかどうかは、会社が自由に決定できることです。ボーナスの支給の要件をどのように定めるかも、会社が自由に決定できるはずです。だからといって9割の出勤要件を課すのも、自由にできるといってよいのでしょうか。

会社としては、ボーナスはきちんと出勤して会社に貢献した人を評価して支給したいと考えているのかもしれません。これにも一理あります。しかし9割要件をそのまま適用すると、産前の休業をとると実際上ボーナスはもらえなくなってしまいます。ましてや産後の休業については、法律上休むことが強制されているので、そこで休んだからといってボーナスがもらえなくなることには、A子は納得できない気持ちでいました。

実はこうしたことが問題となった裁判があります。最高裁判所は、9割要件の算定において産前産後の休業日を欠勤日扱いにすることは、それによって労働基準法が保障している産前産後の休業の権利の行使を抑制し、ひいては法律がそのような権利を保障した趣旨を実質的に失わせるものとなるので無効である、と述べています。

これがボーナスでなくて、月2000円くらいの皆勤手当であれば、皆勤手当の支給に9割の出勤という要件があり、産前産後の休業日を欠勤日扱いにしても無効とはされないでしょう。しかし、月給2カ月分のボーナスとなると額も大きいので、社員は無理してもと働こうとするでしょうから、これでは休業の権利を法的に保障した意味がなくなるので、許されないのです。

このように最高裁判所は9割要件を適用してボーナスを全額不支給とするのは違法としましたが、実際に休んだ日数に応じてボーナスを減額することは適法としています。

意外に充実している法的保護

A子は、出産前は産後の8週間の休業期間があけたところで、ただちに職場に復帰するつもりでいました。しかし実際に出産してみると、生まれたばかりの娘を預けて職場に戻るという気持ちはすっかりなくなってしまいました。いつかは職場に戻りたいのですが、もう少し後でもいいかな、という気持ちになってきたのです。

そこでA子は育児休業をとることにしました。これは、育児介護休業法で認められている休業です。娘が1歳になるまで会社を休めますし、保育所に預けることができなければさらに1歳半まで休むことができます。この期間は会社からの給料はもらえませんが、雇用保険から育児休業給付（給料の30パーセントに相当）がもらえます。

育児休業期間の経過後も、さらに法律上の保護はあります。まず子が3歳になるまでは、会社は短時間勤務制度の導入、フレックスタイム制度または始業時刻・終業時刻の繰り上げ・繰り下げの制度の導入、所定外労働（残業）の免除、託児施設の設置・運営やそれに準ずる便宜供与（ベビー・シッターの費用負担等）のいずれかの措置を講じなければなりません。

次に、子が小学校に入るまでは、1年間に5日まで、子が病気やケガをしたときの看護のために休暇（看護休暇）がとれます。また1カ月前までに請求すれば、時間外労働を1カ月24時間まで、1年150時間までに制限するよう求めたり、深夜労働を免除するように求めたりすることができます。

法律は、意外に（?）育児をする社員を保護しているのです。最近ではファミリー・フレンドリーの推進とか、ワーク・ライフ・バランスの充実化とか言われており、この分野での法の発展はめざましいものがあります。ここまでに紹介した法律以外にも、次世代育成支援対策推進法といった、次世代をになう子の育成という観点から、子育ての支援に力を入れた法律もあります。

本当に必要なのは……

このようにA子の権利はかなり保障されているのですが、ただA子が一番気になっていたのは、実は職場に復帰した後のことでした。

A子が1年半後に復帰したとき、出産前にA子がやっていた仕事は、当然のことながら別の人が来てやっていました。これはやむを得ないことです。そこで新たな部署での再出発ということになりましたが、さすがにブランクは大きいものでした。

育児休業から復帰後の社員は、復帰前のように働くことができるかどうかについて、大きな不安を抱えるのが通常です。こうした社員のために、休んでいるうちも技能をできるだけ維持できるような特別なプログラムや、復帰後において、休んでいるうちに落ちてしまった勘や技能を徐々に取り戻すためのプログラムを用意することが必要といえるかもしれません。会社がこうしたプログラムを用意することは、法律により義務づけられているわけではありませんが、これを率先してやっている会社は、働く意欲のある女性社員に対する大きなアピールポイントになるでしょう（公的な助成金がもらえることもあります）。

補講⑰ 男性が育児休業をとらない理由

法律上は、夫も妻もどちらも育児休業をとることができます。しかし男性の育児休業取得率は0・57パーセントとほとんどゼロに近いものです（女性は88・5パーセント。厚生労働省「平成18年度女性雇用管理基本調査」）。妻が専業主婦であるような場合には、その会社の労使協定により、夫は育児休業を取得できないとすることができます（ただし産後8週間は育児休業はとれます）が、共働き夫婦であれば、そのような制限を課すことはできません。しかし、実際には共働き夫婦であっても、夫が育児休業をとる比率はきわめて低いと言われています。それはどうしてでしょうか。

ニッセイ基礎研究所の行った「男性の育児休業取得に関する調査（個人調査）」（厚生労働省委託調査、２００２年）によると、男性が育児休業を取得しなかった理由は、多い順にみると、「自分以外に育児をする人がいたため」「業務が繁忙であったため」「職場への迷惑がかかるため」「家計が苦しくなるため」「職場が育児休業を取得しにくい雰囲気であったため」「仕事にやりがいを感じていたため」「職場や仕事の変化に対応できなくなると思ったため」「出世にひびくと思ったため」です。

多くの男性社員にとっては、妻が育児に専念してくれるケースが多いため、わざわざ育児休業を取る必要がないのです。これは「男は仕事、女は育児・家事」という伝統的な社会意識とも合致しているものです。このため、共働きの場合であっても、なかなか男性社員が育児休業を取ることに理解が得られません。ましてや仕事が忙しかったり、重要な仕事を任されているようなときに、男性社員が育児休業を取ることはきわめて難しいというのが現実です。女性であれば、産後の休業で休んだあと、その延長線上で育児休業を取るということには、それほど支障がないのに対して、男性にはそうした事情がないということもあるかもしれません。

このほかに経済的要因もあります。共働きの場合でも、普通は夫のほうが賃金が高いので、休業を取得したときの経済的損失を考えると、妻が育児休業を取ったほうが都合が良いのです。あるいは、そのときの賃金がかりに妻のほうが高くても、長い目で見れば夫のほうが出世の可能性が高いのであれば、出世に対する支障を少しでも減らすために妻が育児休業をとるということは、経済的にも合理的なこととなります。

男性の育児休業取得率を10パーセントに引き上げようとする動きがありますが、こうみると前途遼遠です。

18講　経歴を低く偽っていたことがバレてクビになった公務員がいました。経歴を低く偽ることの何が問題なのでしょうか？

経歴詐称は懲戒解雇

経歴詐称というのは、通常は低い経歴を高く偽ることです。最も一般的なのは、最終学歴の詐称です。高卒や大学中退なのに大卒と偽るというのがその典型です。政治家の経歴詐称はたびたびスキャンダルになってきました。日本以上に学歴社会であるお隣の韓国では、政治家だけでなく有名人の学歴詐称が大きな社会問題になっているようです。このほかにも、過去の職歴を偽るというものも経歴詐称の代表例です。

学歴や職歴の詐称は、重大な非違行為であるとされ、就業規則において懲戒解雇事由と定められているのが一般的です。もっとも、学説の中には、これはいささか厳しすぎるとして、経歴の詐称があるというだけでは懲戒事由とならず、経歴の詐称により具体的に企業秩序が侵害されたといえる場合でなければ懲戒事由には該当しない、という見解も有力です。この見解によると、よほどの重要な経歴の詐称でなければ、企業秩序の具体的な侵害があるとはいえないので、懲戒解雇を課すことには否定的ということになります。

裁判では、社員の経歴詐称に対しては、会社の下した厳しい処分が有効とされる例が比較的目立ちます。たとえば、住宅金融会社の融資決定の審査役をしている社員が、大学入学の事実がなく、警察官としての経歴も1年5カ月にすぎないにもかかわらず、大学中退で警察官としての経歴が約9年であると偽って入社したというケースでは、この社員に対してなされた懲戒解雇は有効と判断されています。

また、給排水設備の維持管理等を行う会社との労働契約締結の際に、給排水工事についてあまり経験がないにもかかわらず、5年の経験があるとする虚偽の申告をし、実際に仕事を十分にこなすことができなかった労働者に対して解雇がなされたというケースで、その解雇を有効と認めた例もあります。

逆経歴詐称

ところで、経歴詐称には、低い経歴を高く偽るものだけでなく、高い経歴を低く偽るという逆詐称の場合もあります。逆詐称は、会社にとっては経歴以上の能力のある社員を活用することができているので、何も問題はないと言えそうな気もします。しかし現実には、こうした逆詐称のときにも厳しい処分が行われています。

少し前に、高卒以下に限定して募集していた市営バスの運転手に、大卒や短大卒の人が応募し運転手になっていたことが発覚して懲戒免職になったというニュースが流れました。これについては、世間はかなり運転手側に同情的なようです。通常の経歴詐称とは異なり、逆経歴詐称は悪質とはいえないのではないか、本人が低い学歴での扱いでよいと言っているのであるからそれで何も問題はないのではないか、というのです。

とはいえ、こうした大卒の人の高卒職種への闖入《ちんにゅう》には、大きな問題があると言われています。これは高卒の雇用機会を奪うことになるからです。大卒は、大卒枠の職種で勝負すべきではないのか、というわけです。

実は、逆経歴詐称が問題となり裁判所で争われたケースがあります。Aさんは、B社が公共職業安定所をとおして行っていたプレス工等の募集に応募し、その際に履歴書に最終学歴を高卒と記載していました。ところが、実際はAさんは私立大学に入学しており、その後除籍中退となっているので、最終学歴は大学中退というものでした（日本の社会では、大学の入学試験が難しいので、大学に入学したという点が重視される傾向にあり、そのため高卒と大学中退とは区別して考えられることが多いのです)。Aさんは、このほかにも逮捕歴を秘匿しており、その他の非違行為もあわせて考慮されて懲戒解雇になりました。

裁判所は、次のように述べています。

① 雇用関係は、労働者と使用者との相互の信頼関係に基礎を置く継続的な契約関係である。

② したがって使用者が雇用契約の締結に先立ち、雇用しようとする労働者に対し、その労働力評価に直接関わる事項ばかりでなく、企業秩序の維持に関係する事項についても必要かつ合理的な範囲内で申告を求めた場合には労働者は真実を告知すべき義務がある。

③ 最終学歴は、単に労働者の労働力評価にかかわるだけではなく、会社の企業秩序の維持にも関係する事項であることは明らかであるので、真実を告知する義務がある。

このように言って、本件ではAさんは真実告知義務に違反しており、他の非違行為も考慮したうえで、懲戒解雇は有効であると判断したのです。

この判決でポイントとなるのは、労働者の「真実告知義務」と「企業秩序の維持」との論理的な関係です。裁判所は、決して採用時に最終学歴について真実を告知しなかったから（詐称をしたから）という理由だけで、懲戒解雇事由があると言っているのではありません。真実を告知しないことは企業秩序を侵害するから懲戒解雇事由にあたると言っているのです。

そこで問題となるのは、最終学歴について真実を告知しないことは、それだけで本当に企業秩序を侵害することになるのであろうか、という点です。学説のなかには、前述のように経歴を詐称しても、企業秩序を侵害しないこともあるので、そのような場合には懲戒処分はできないとする見解も有力です。ただ、前記の裁判所の判断は、最終学歴については、その詐称は（逆詐称であっても）それだけで企業秩序を侵害するような真実告知義務違反だとしているのです。

学歴というシグナル

会社にとって社員の最終学歴には、いったいどのような意味があるのでしょうか。たしかに、社員の評価として、仕事ができるかどうかだけが重要であるのならば、結果として、仕事がきちんとできていれば、入社時の経歴詐称は不問に付すべきなのかもしれません。このことは、通常の経歴詐称のときにもあてはまりますし、ましてや逆詐称のときにはいっそうあてはまるでしょう。

でも、雇ってみて実際には仕事ができなかったとしたらどうでしょうか。正社員としていったん雇ってしまうと、能力がないというだけでは簡単に解雇することはできません。解雇を制限する法理があるからです（労働契約法16条）。会社は、社員の能力があるかどうかについて、いったん雇ってから確かめるということが難しいとなると、採用段階で慎重な判断をしようとするのです。学歴は、そのための良い「シグナル」となっているのです（10講も参照してください）。

日本が学歴社会と言われてきたのは、会社にとって、最終学歴が社員の潜在的な能力を示す指標となっており、それゆえ採用の際にこれを重視してきたことによります。このように、会社の企業運営において、最終学歴は非常に重要な情報であるので、それについて誤った内容を会社に提供するという行為は、（先ほどみた学説の有力な見解とは異なり）それ自体がまさに企業秩序を侵害するものとされてきたのです。職歴などの他の経歴についても、だいたい同じようなことが言えます。

大は小を兼ねない

それでも実際に能力があれば問題がないのではないか、という反論はなお可能です。ただ、これは結果論です。結果として、経歴詐称をした人の能力がたまたま高かったということはあります。それと同時に、経歴を詐称して能力のない人が入社してくるリスクもあるのです。また、逆詐称のときには、実際に能力があったとしても、ウソをついてまで入社してこようとする社員は、長期的な信頼関係を築くのに適していない可能性が十分にあるのです。こうしたリスクを回避するためには、経歴を詐称すると厳重な処分になる、ということを応募者に知らしめておくことが必要といえるのです。

草野球の選手権で、こっそりプロ選手をメンバーに入れたチームが優勝をさらっていくというのは、納得できないことでしょう。これと同じように、高卒の枠で募集しているところに大卒や短大卒が応募するのは反則なのです。大は小を兼ねないのです。そして、こういうことが起こらないようにするために、この反則には厳重なペナルティが必要なのです。大卒者は、そもそも応募する資格がなかった以上、後で本当の学歴がわかったときには採用そのものが取消になってもしようがないといえます。これが逆経歴詐称でも解雇が認められる理由です。

ただ、バス運転手を高卒に限定するというような、いささか屈折した（逆）学歴志向は、はたして社会的に相当なものといえるのでしょうか。高卒の職場確保が必要である、大卒と高卒とでは人事管理やキャリア形成が違う、といった理由があるとしても、素朴に考えると、バスの運転という仕事には大型二種免許さえあれば学歴は関係ないと思えるのです。高卒に限定してしまうと、うっかり（？）大学に入ってしまった人が、市営バスの運転手になりたいと思っても、その道は閉ざされてしまいます。市営バス運転手にどうしてもなりたいがゆえに本当の学歴が書けなかったということもあるのです。大卒のバス運転手への懲戒免職に世間が同情するのには、こうした理由もあると思います。

このように考えると、真実告知義務を重視する裁判所の考え方は、世間の感覚から少し乖離しているのかもしれません。

補講⑱　懲戒処分の種類

経歴詐称に対して、懲戒解雇（公務員なら懲戒免職）は重すぎるというとき、それでもまったく処分なしにすることも適当でないとすると、もう少し軽い処分にすべき、ということになるのでしょう。では、懲戒解雇以外にどのような懲戒処分があるのでしょうか。

どのような行為を懲戒事由とし、それに対して、どのような懲戒処分を課すかについては、基本的には、各会社が自由に決定することができますが、懲戒（制裁）の種類および程度に関する事項じたいは、就業規則に記載しなければならないとされています（労働基準法89条9号）。

通常の就業規則では、懲戒解雇に次ぐ重い処分として、諭旨退職が定められています。諭旨退職は辞表を提出させるよう勧告するもので、普通の規定では勧告に応じれば退職金の支給は認められるものの、もし応じなければ懲戒解雇となり退職金は支給されなくなります。このほかの処分として、出勤停止、減給、降格、譴責《けんせき》、戒告といったものがあります。

このうち減給については、労働基準法に規定があり、1回の額が平均賃金（過去3カ月の総賃金を総日数で除したもの。12条）の半額を超えてはならず、複数の減給が行われた場合でも、その総額が一賃金支払期（通常は1カ月）の賃金総額の10分の1を超えてはならない、と定められています（91条）。減給（世間では罰金と呼ばれることもあります）に、このような限度額が法律上設定されていることは意外に知られていないようです。

なお懲戒処分は、懲戒事由とされた非違行為と比べて釣り合いがとれていないというときには、懲戒権の濫用として無効となります（労働契約法15条）。たとえば1回の遅刻で懲戒解雇にするというような場合は、非違行為の内容と比べて重すぎる処分として無効となります。

また、その会社の先例と異なるような処分も無効となる可能性があります。たとえば、ある会社で遅刻を懲戒事由とするという就業規則の定めがあり、その規定の運用として、1カ月に3回以上遅刻すると、減給処分となるという取扱いがなされてきたとします。それが、突然社長が替わって、1回でも遅刻すると減給処分にするというように方針を変更して、いきなりこれを実施すると、それに基づく処分は無効となります。もし取扱いの方針を変更するのなら、事前に十分な周知期間をおいてから行う必要があるのです。

大内伸哉　1963(昭和38)年神戸市生まれ。神戸大学大学院法学研究科教授。法学博士。専攻は労働法。著書に『イタリアの労働と法』『労働法実務講義』『雇用社会の25の疑問』ほか多数。

Ⓢ新潮新書

277

どこまでやったらクビになるか
サラリーマンのための労働法入門《ろうどうほうにゅうもん》

著　者　大内伸哉《おおうちしんや》

2008年8月20日　発行
2025年4月10日　6刷

発行者　佐藤隆信

発行所　株式会社新潮社

〒162-8711　東京都新宿区矢来町71番地
編集部(03)3266-5430　読者係(03)3266-5111
http://www.shinchosha.co.jp

図版製作　ブリュッケ
印刷所　株式会社光邦
製本所　株式会社大進堂

ISBN978-4-10-610277-6　C0234

価格はカバーに表示してあります。